JN438169

팔십 촌노 起範 李綱奎의 회고록

도전과 보람

이강규 지음

문학공원

팔십 촌노 起範 李綱奎의 회고록

도전과 보람

이강규 지음

아버지로, 남자로 80평생을 살아온
불꽃 같은 이강규의 삶

문학공원

책을 펴내며

기범 이강규

나는 일찍이 몇 권의 책을 출판했었습니다. 『이런 사람도』, 『좌절할 수는 없다』, 『병마와의 투병기』 (상) (하)권, 『편지첩』, 『무명인의 발자취』, 『성서의 인물을 살펴보다』 등 6종 7권입니다.

그리고 『우리나라 역사의 인물을 살펴보다』, 『다른 나라 역사의 인물을 살펴보다』, 『수필 모음』, 『동요 가요 창 모음』, 『시 모음』, 『우리나라 속담 모음』, 『세계 명언 모음』 등 몇 가지 원고를 가지고 있습니다.

그리고 이번에 내가 쓴 글 「자서전」, 「섬색씨와 강선생」, 「강돌이와 강순희」, 「신상록수 한상호」, 「물과 뱃사람 김재춘」, 「숲과 산사나이 신상철」, 「변호사 한기찬과 장명희 부부」, 「거창 최진호」, 「광주 이상희」, 「만주에서 왔습니다」, 「다시 보고파라 상연아! 숙천아!」, 「자작시」와 내가 걸어온 길을 모아 책을 내려고 합니다.

남은 내일은 이렇게 살고 싶습니다. <마지막 잎새의 기도>라는 시를 음미해봅니다. "하나님! 나 혼자 남았습니다 / 차가운 날씨도 몸도 마음도 춥고 떨리고 있습니다 / 대롱 대롱 매달려 살아보려 몸부림 치고 있으나 / 얼마나 견딜지 모릅니다 / 그러나 나 같이 못난자 바라보며 /희망을 거는 자 있기에 포기할 수 없습니다 / 세찬 바람과 싸울 수 있는 힘을 주소서/ 언젠가는 떨어질 운명이나 살아있는 한 순간도 / 사명이 있기에 최선을 다해 살게 하소서 / 그러다가 어느날 떨어질 때는 / 기쁨의 춤으로 팔랑거리며 떨어지게 하소서 / 땅속으로 깊이 묻혀 걸음으로 썩게 하소서"라는 시입니다. 마지막 잎새처럼 팔랑거리며 떨어질 때를 바라보고 있는 것 같습니다.

새봄 새싹처럼 치솟아 자라고 여름처럼 열정으로 살았습니다. 가을 단풍 아름답듯 황홀한 영광도 맛보았다. 겨울 흰 눈처럼 맑고 깨끗하게 남은 생활을 마쳤으면 합니다. 칠순 팔순을 지냈으니 이제 무엇을 할까요. 하나하나 정리하며 그래도 할 일이 있다면 하리라 생각하고 있습니다. 그런 차원에서 자서전도 꾸려보고 나의 문집도 실어보려는 것입니다.

음악이나 듣고 TV나 보면서 책이나 읽고 컴퓨터나 치면서 주일에는 교회에 나가도 평일에는 공장에 나가서 내가 할 수 있는 일이나 하며 장애인들 모임에 나가 친목을 도모하면서 하던 대로 봄철에는 완두콩을 심고 철따라 강낭콩, 땅콩, 녹두, 팥을 심어 가꾸어 보고 싶습니다. 노는 것 보다는 일하는 게 건강에도 좋겠지요. '100세에 저 세상에서 오라 하거든 바빠서 못간다고 전하라.'고 하지 않던가요?

요즘 즐겨 부르는 찬송이 있습니다. "하늘 가는 밝은 길이 내 앞에 있으니 / 슬픈 일이 많이 보고 늘 고생 하여도 / 하늘 영광 밝음이 어둔 그늘 헤치니 / 예수 공로 의지하여 항상 빛을 보도다"라는 찬송입니다. 오늘도, 그리고 내일을 이렇게 살아가고 있습니다.

중복되는 예문도 많이 있습니다. 널리 양해해 주시기 바랍니다. 책을 출판할 수 있게 도와주신 도서출판 김순진 대표님과 박동한 목사님, 최영진 님게 감사드립니다.

2018년 2월 9일

이 강 규 배상

발행인의 인사말

아들 이용광

저는 글을 쓰신 기범 이강규 선생의 아들입니다.

아버님이 너무 정성들여 회고록을 쓰시고 짧은 소설과 단편들 그리고 시들을 많이 쓰셨을 뿐 아니라 유익한 속담도 1,160개나 모아놓으신 것이 그대로 사장시키기엔 너무도 아까워 제가 책으로 발행합니다.

저희 아버님은 세 살쩍 소아마비로 지체장애자로 평생을 지내시지만 초등학교 방학 때 서당에서 한문도 배우셔서 성은 동문회도 다니시고 숭실고등학교는 설의돈 선교사의 장학금으로 졸업하시고 동두천 서쪽에 성은 장로교회도 세우셨습니다.

아버님은 서울 문리사대를 졸업하시고 서울 영등포에 정희여상의 전신인 점진중학교를 세우신 선생님이시기도 하십니다. 고향에 낙향하셔서 리장 새마을 지도자 양식계장 산림계장으로 수고하셔서 살기 좋은 곳으로 만드시고 가산면 빙그레 낙우회장 농촌 지도자 연합회장 새마을 지도자 협회회장을 하셨을 뿐만 아니라 은광판지포장 (주)를 만들어 나 이용광으로 대표이사를 지내고 있게 하셨습니다.

아버님은 공장을 하시면서 대진대학교 경영대학원을 졸업하셨을 뿐 아니라 마을에 우금정, 게이트볼장, 유성제과, 은광종합체육관을 지으셔서 마을에서는 마을회관 앞에 공덕비까지 세워드린 분입니다.

저로서도 아버님 앞에 늘 감사하고 있습니다. 그런데 전에는 여러 권의 책도 내시고 또 경기도청에서 『사랑의 돌밭길』이란 책도 만들어 준 일도 있습니다.

이번에는 아들인 제가 아버지 이광규 선생의 귀한 회고록 『도전과 보람』을 발행합니다.

잘 읽어 주시기 바랍니다.

2018년 2월 9일

이 용 광 배상

차례

제1편. 면학자(勉學者)

제2편. 지도자(指導者)

제3편. 사업가(事業家)

제4편. 봉사자(奉仕者)

제5편. 공로자(功勞者)

제6편. 가족애(家族愛)

제7편. 단편소설(短篇小說)

제8편. 자작시(自作詩)

제1편.
면학자(勉學者)

출생

“애 새아가! 설거지 끝냈으면 산으로 나물하러 가자”

온 식구가 초근목피로 연명하신다. 일제강점기, 남의 땅 소작하여 추수한 곡식은 공출로 다 빼앗기고 불간도 좁쌀을 배급받아 산나물로 연명하시던 할머니는 큰며느리, 새며느리와 산으로 나물을 뜯으러 가신다. 견디다 못해 할아버지 두식(斗植) 씨는 큰아들 사건(思健)과 셋째아들 사문(思文) 내외를 데리고 집도 다 팔고 만주로 이민을 떠나신다.

그러나 둘째이신 아버지 사홍(思洪)은 동두천 걸매에서 자란 규수와 결혼하신지 얼마 안 된 신혼인지라, “여보 우리는 여기 선산밑에서 그냥 살아갑시다.”라고 말한다.

그리하여 경기도 포천군 가산면 우금 1리 마치동! 지금은 저수지가 되어 수몰되었지만 용팔네와 찬규네 사이 재밤나무 옆에 흙벽돌로 초가삼간을 짓고 한 쌍의 부부는 새살림을 꾸렸다.

1937년 정축 음 9월 23일 술시, “응애 응애.” 소리를 내며 아기가 태어났다. 이 아이가 강규(綱奎)이다.

아산이씨((牙山李氏, 시조는 周佐) 22세손이며 사직공파(碩根)의 차자 대호군공파(泳)의 9세손으로 아버지는 휘가 사홍(思洪) 자는 효득(孝得) 예명은 효보(孝甫)이시고 어머니 걸매댁 사천목씨(四川睦氏) 목원씨(睦

源氏)이시며 외할아버지는 목정삼(睦正三)씨 이시다.

나는 흙벽돌 초가삼간에서 태어나서 그런지 지금도 최정자의 노래 <초가삼간>을 즐겨 부른다.

초가 삼 간

실버들 늘어진 언덕 위에 집을 짓고
정든 님과 둘이 살짝 살아가는 초가삼간
세상살이 무정해도 비바람 몰아쳐도 정이든 내 고향
초가삼간 오막살이 떠날 수 없네

시냇물 흐르면 임의 옷을 빨아 널고
나물 캐어 밥을 짓는 정다워라 초가삼간
밤이 되면 오손 도손 호롱불 밝혀놓고 살아온 내 고향
초가삼간 오막살이 떠날 수 없네

아버님은 산에 가서 화전을 일구시고 나무를 해다 때기도 하고 팔아 오신다. 어머님은 산나물을 뜯어다 식량에 보태시며 허기진 배가 꺼질세라 물 한 바가지 마신다. 넉고개 성황당 나무 밑에서 길손들이 깎아 먹던 참외껍질이 그렇게 맛있었다고 얘기를 들려 주셨다.

"웬 송아지를 끌고 오우."

"나무 팔아 모은 돈으로 사왔지."

송아지는 공들여 키워서 중송아지가 되고 큰 황소가 되어 집안의 큰 일꾼이 되고 마차를 사다가 나무를 사다 팔아서 논도 사고 큰 집도 사서 이사하고 흙벽돌 집은 용섭이네가 사서 살게 되어 강규는 배 안 곯고 크게 되었다.

어린 시절

갓난아이가 방실 방실 옹알거리며 네 발로 기더니 두 발로 땅을 디디고 일어나 아장아장 걷게 되고 돌떡을 엄마 아빠의 입에 넣어준다. 그러나 기쁨도 잠간 무슨 마가 들었는가?

열이 몹시 오르고 설사가 나서 먹으면 싸고 몸이 점점 꼴이 아니었다. 살 가망이 없어 보였다. 옆집에 사는 독쟁이 할머니 하시는 말씀 "뭘 들여다보오. 갖다버리구려" 하신다.

그러나 어머님은 낙담은 되지만 명이 있는 자식을 버릴 수는 없었다. 저녁을 먹으려고 수제비를 만들었는데 먹겠다고 달라고 칭얼거린다. 모르겠다. 죽을 거면 먹고나 죽어라 하는 마음으로 입에 몇 점을 넣어 준 것이 설사가 막히었다. 차츰 기운을 차린다.

높은 고열이 내리면서 오른발을 못 쓰면서 소아마비가 되어 평생을 '지체장애자'란 칭호를 가지고 살게 되었다.

돌 때 아장 아장 걷든 아이가 누어서 버둥거린다.

어머니는 아이를 업고 용하다는 침쟁이들을 찾아다닌다. 아무 소용이 없다. 빈방에서 일어나 보려고 얼마나 애를 썼는가?

벽을 잡고 문을 잡고 일어나려 애를 쓰지만 엎어지고 자빠진다. 어린 손가락에 피가 서린다.

돌 때부터 네 살까지 삼년간을 .
"엄마, 엄마! 나 좀 봐 걷지 그지"
결국 일어나 몇 발자국 걷는 것이 기뻐서 자랑한다.
"일어나라 걸어라"
중얼거리며 오른발을 질질 끌면서 몇 발자국 떼어 놓으며 넘어진다.
그러나 점점 걷는 길이가 길어진다.

강습소

해방 전 선각자들은 구석구석에서 나름대로 힘을 다했나 보다. 지금 생각해 보니 성함은 몰랐어도 거머리(고모리)선생님은 선각자이시며 독립운동가셨나 보다.

점둔지를 지나 산을 넘어 대대울 동네를 지나 물을 셋을 건너서 가면 궁말 입구 삼거리에 일자로 삼간집에서 크고 작은 아이들을 모아서 한글을 가르치신다.

어머님은 나를 업고 강습소에 입학시키러 가신다.

"엄마 내가 걸어갈래."

그러나 얼마 못 가서 다시 업힌다.

그러나 걷는 길이는 점점 길어지고 업히는 시간은 짧아진다.

결국 혼자서 걸어갔다가 걸어서 집에 오게 되었다. 절뚝거리며

기억 니은으로 시작해서 "아가야, 나오너라. 달마중 가자"

책을 읽고 공책에 쓴다. 정말 재미있다.

거머리 선생님은 상으로 상제연필을 주신다. 고무도 안 달리고 칠도 안 된 연필이다. 글자를 쓰는 데는 아무 상관이 없다.

하루는 소낙비가 크게 왔다. 대대울 시냇물이 넘쳐흘렀다. 건널 수가 없었다. 대대울 사는 손석영 아저씨가 오셨다.

"강습소에 가려고? 여기를 건너 주어도 물이 두 군데다 더 있지 않느냐? 집으로 돌아가거라."

나는 할 수 없이 집으로 돌아왔다.

어머님 말씀,

"그만한 어려움에 공부 안하고 돌아왔어? 바지 걷어!"

나는 회초리를 맞았다. 그 후 나는 학교에 지각은 할망정 결석은 안 했다.

한문서당

강습소에서 한글을 다 배우자 어머니는 느티나무집 서당으로 데리고 가셨다. 하늘천(天) 따지(地) 검을현(玄) 누르황(黃), 천자문(天字文)을 공부하는데 어렵다. 글자를 읽고 붓으로 그린다.

그러나 한 달 만에 천지현황(天地玄黃)부터 마지막 언재호야(焉哉平也)를 마쳤다. 정말 어렵다.

어머님이 떡을 한 동구리 해오셔서 훈장님과 학동들이 골고루 먹었다. 훈장님은 성함이 이태윤(李泰允)이시고 호가 성은(誠隱)이시다.

같이 공부하던 학동들 이름은 조석구, 조범재, 박용환, 이상덕, 이대순, 원유문, 원광재, 원범재, 원근재, 이영우, 유인원, 이용림, 김종안, 맹수창, 이춘범, 유충열, 이범재, 이강규이다. 같이 공부한 학동들은 나중에 <성은동문회>를 만들어 훈장님이 돌아가시자 묘소에 유허비를 세우고 제삿날은 묘소에 모여 제물을 차려 잔을 올렸다. 성은동문회는 지금까지도 친목회를 년 두 번하고 관광을 하고 있다.

가산초등학교

1945년 봄 가산국민학교에서 입학통지서가 날아왔다.

휘미안을 지나 고인돌을 지나고 말묏벌을 지나 4km쯤 가면 면사무소와 지서와 우체국 학교가 모여 있는 면소재지이다.

가슴에 콧수건을 달고 어머님 손을 잡고 가다보니 큰 길에는 검은 옷에 검은 모자를 쓰고 칼을 옆에 찬 일본순사가 말을 타고 지나간다. 너무나 무서워 학교에 가기가 꺼려진다.

교장선생님은 일본말을 하는 일본사람이다.

선생님은 "아까이 아까이 시로이 시로이 시꼬끼 시꼬끼 하야이나."라 말한다.

무슨 말인지 모르겠다.

몇 달 지나 8월 15일 해방이 되었다.

면민들이 모여들어 태극기를 들고 만세를 부른다.

"대한독립 만세! 대한독립 만세! 대한독립 만세!" 정말 신이 난다.

이보윤 할아버지가 교장선생님으로 오시고 우리나라 선생님이 오셨다.

"바둑아 바둑아 이리 오너라 나하고 놀자." 우리나라 선생님이 오시니 모든 게 재미있다.

음악시간이다. 풍금소리에 맞춰 노래부른다.

"나의 살던 고향은 꽃피는 산골"

"장독 위에 흰 눈이 소복 쌓였네."

나를 보고 거듭거듭 다시 하란다. 나는 음치인가?

자치기 비석치기 딱지치기 틈만 있으면 노는데 열심이다.

그래도 놀이를 통해 다리 힘을 길렀나 보다.

성적은 60명중 57등 꼴찌로 세 번째이다.

4학년 때 담임선생님은 황규채 선생님이시다. 방과 후 나 하나만 불러놓고 특별수업을 시키신다. 결국 학년말 나는 우등상장을 어머님께 올리게 되었다.

1950년 6월 25일 6.25전쟁이 났다. 5학년 때다. 학생들은 나오라 해서 갔더니 붉은 완장을 찬 사람이 "장백산 줄기 줄기 피어린 자국."을 부르란다. 짧은 초등학교 시절 갖은 수난이다. 세상에 뭔지 모르겠다.

피란을 갔다 오니 졸업이란다. 꽃다발 앨범은 없고, 검은 마분지 손바닥만 하게 졸업증명서라고 프린트해서 준다.

친한 친구들은 초현구, 조원묵, 이호석, 이강휘, 김부겸, 이상종, 심재종, 이홍우, 조병팔, 김영진, 정사문, 이상춘, 이규인, 이부영, 윤순희 등이다.

훗날 나는 가산초등학교 17회 동창회장을 세 번이나 했다.

포천중학교

나는 왜 떨어졌나요?

한동네 사는 동갑내기 친구 조원묵이와 같이 오징어 다리를 씹으면서 포천중학교로 입학시험을 보러간다.

가산국민학교는 4km인데 포천중학교는 8km 20리길이다. 밤밭을 지나 황새멕이 동네를 거쳐서 울미를 지나고 청성국민학교를 지나 한참 더 가야 포천중학교이다. 시험을 보았으나 그렇게 어렵지 않았다. 불합격 통지가 왔다. 조원묵이는 단념하여 한해 후배가 되었지. 나는 학교로 달려갔다.

키가 크시고 엄해 보이시는 허 교감선생님이시다.

"나는 왜 떨어졌습니까? 국어를 잘못했습니까? 산수를 잘못했습니까? 아니면 어떤 다른 과목이라도."

교감선생님은 시험 답안지를 찾아오셨다.

"시험성적은 우수한데 판정란에 불합격이라 쓰여 있다. 그런 다리로 그 먼데를 어찌 다니려 하느냐?"

"그래도 다니려고 시험을 치지 않았습니까? 다니다가 할 수 없어 자퇴를 하더라도 다니게 해주십시오."

간절한 모습으로 선생님을 바라보았다.

결국 중학생 모자에 이름표가 붙은 교복을 지급 받고 입학식에 참석했다.

새벽 등잔불 밑에서 새벽밥을 먹고 터덕터덕 학교에 도착하면 지각이다. 만년지각생이다.

그러나 결석은 없었고 성적은 우등생이다.

체육시간은 유봉렬 선생님이시다. 선생님은 취부대 대위이신데 삼팔선 영중지구에서 잘 싸우셨다. 그러나 1950년 6월 25일 새벽 소련제 탱크를 앞세우고 남침하는 북한 괴뢰 인민군에게 총상을 입어서 오른팔을 잃으신 전역 대위이시다. 체육시간이면 가끔 반월산 정상을 올라갔다 오게 하시지만 나는 열외 시키신다.

6월 25일이 다가온다. 작문시간에 "내가 겪은 6.25"란 제목으로 쓰란다. 어찌된 일인지 내 원고가 <우수작>이 되어 전교생이 모인 자리에서 발표하게 되었다. 나는 연단에 오르고 이런 글을 발표한다.

'아아! 6.25 어찌 우리 잊으라!

1950년 그 봄은 왜 그리도 가물었는가? 모내기는커녕 아침저녁 물을 퍼도 샘이 적어 못자리도 못 구해갑니다.

그러나 6월 25일 비가 옵니다. 와도 많이 옵니다. 아버지는 소에 쟁기를 달아 논을 쓰렸습니다. 일꾼을 얻으려 해야 얻을 수 없고 어머니 아버지 나 세 식구가 비를 쫄딱 맞으며 모를 냅니다.

점심때가 되어 가니까 큰길로 짐 보따리를 진 사람들이 하나 둘 오기 시작하더니 줄을 지어 장사진으로 옵니다. 난리가 났답니다. 인민군이 38선을 넘어 쳐들어온답니다. 피난을 가야지 다 죽는답니다.

겁이 납니다. 하늘은 검은 구름으로 덮여 캄캄한데 인민군 탱크가 펑하고 번쩍거리며 포를 쏘면서 의정부 서울방향으로 올라갑니다. 후퇴하는 부상병도 많은 국방군이 오더니 넉고개 농수로에서 엎드려 북으로 향해 소총을 겨누더니 일어나 고개를 넘어 또 후퇴를 합니다. 물에 빠진 생쥐가 된 우리 세 식구는 옷을 갈아입고 밥을 먹고 마차에 이불보따리, 쌀, 가마솥, 수저, 물통 등을 싣고 국방군도 후퇴한 그길로 소를 몰고 피난을 갑니다. 아버지는 나를 마차 위에 태워주셨습니다.

내촌을 거쳐 광능내 장현을 지나 퇴계원을 가니까 벌써 서울이 점령되고 한강다리가 끊기고 남쪽으로 갔다고 더 갈 수 없어서 도로 오는 사람들이 많았습니다. 우리도 할 수 없이 집으로 돌아왔습니다. 한 주일쯤 되니깐 학생들은 학교에 나오랍니다.

팔에 붉은 완장을 찬 사람이 노래를 가르칩니다.

"장백산 줄기 줄기……."

9.28수복이 되고 북진하여 압록강 물을 수통에 담던 6사단 국군이 중공군에 밀려 후퇴를 합니다. 겨울 1.4후퇴 피난입니다. 우리는 6월, 비를 맞고 모냈던 쌀을 싣고 보따리를 챙겨 소마차를 몰고 남보다 먼저 피난을 갑니다. 광능내, 퇴계원을 지나서 덕소에 이르렀습니다. 덕소 한강을 얼음 위로 마차들이 줄을 지어 건너갑니다.

아뿔싸! 바로 앞에 가던 마차가 우지끈 소리를 내면서 물속으로 빠집니다. 겁이 난 아버지는 얼른 마차를 돌려 도로 나왔습니다.

이런 것들이 다 난리인가 봅니다. 덕소에서 양수리로 올라갔습니다. 식구는 피난을 가고 두 사돈마나님이 계신 집에 방을 얻었습니다. 어머님은 소고기 장조림을 나눠주니 좋다 하십니다.

밤새 언 양수리 강을 건너 벌판을 지나 광주를 지나 용인에 이르러 어느 동네인가 잠을 청했습니다. 자는데 뎅가당뎅가당 꽹꽹 중공군이 꽹과리를 치면서 온다는 것입니다.

자다 말고 또 갑니다. 참 때 쯤 되었을까? 경안읍을 거의 왔는데 폭격기가 머리 위를 맴돌더니 '쌩~ 쾅! 쌩~ 쾅!, 드르륵드르륵!' 기관포까지 쏘는 것입니다. 이 폭격에 동네사람 항규네는 두 식구가 죽고, 찬규 아버지는 다리가 절단되어 평생을 목발로 지내셨습니다.

큰길로 가다간 안 되겠다 싶어 산속으로 들어갔습니다. 집이 네 채 있는 산골입니다. 부엌, 아랫방, 윗방이 있는 삼간집입니다.

빈집에 들어가 있는 나무로 방을 데우고 발을 펴고 자려는데 중공군들이 들이닥쳤습니다. 안방을 빼앗기고 윗방을 쫓겨 갔습니다. 소대장 쯤 되나봅니다. 군인 몇을 데리고 자던 예쁘장하게 생긴 장교가 아침에 나를 부르더니 기둥에 붙어있는 문패를 읽어 보라는 것입니다. 한자가 저희 글이니까 좋은가 봅니다.

<李海成>

한문서당에서 익힌 쉬운 자들입니다.

"이해성(李海成)!"라고 읽었더니 좋아합니다. 아주 좋아합니다. 그들의 비상식량 건빵인 듯한 딱딱한 보리개떡을 한 웅큼 받았습니다.

전세는 뒤집혀 국군과 유엔군이 한강을 건너 서울을 다시 수복하고 서쪽으로 임진강 중부로 연천, 김화 동쪽으로 금강산이 보이는 고성까지 수복하고 휴전이 되었습니다. DMZ가 휴전선입니다. 아직도 6.25는 끝난 것이 아닙니다. 아! 어찌 6.25를 잊겠습니까? 여러분 두 손을 번쩍 들었습니다.

나는 급우들에게 이 글을 읽어주고 우레와 같은 박수를 받았다.

광동중학교

그런데 나는 어찌된 것인가 머리가 빠진다. 돈짝처럼 빠진다. 여기가 날만하면 저기가 빠진다. 그러다가 무르팍처럼 반질반질하다. 중의 머리는 머리 깎은 흔적이나 있지.

어머니는 갖은 약을 다 내게 쓰신다. 약방에서 약을 사오기도 하고 쌀겨 기름을 내서 바르기도 하고 소고기에 무얼 발라서 뒤집어씌우기도 하고.

그래서 나는 학교에서 별명이 생겼다. <벼락 박사>이다.

광릉 입구에 미군 하사관학교가 있었다. 그 의무실에서 치료를 받고 약을 바르는 조건으로 전학이 허용되었다.

그래서 나는 광동중학교 7회 생으로 졸업하게 되었다.

포천중학교 가는 길은 소로이지만 광동중학교 가는 길은 조금 멀지만 차도가 좋아서 자전거로 통학한다. 가산면에서 자전거로 통학하는 통학생은 여덟 명이다. 그 때만 해도 자전거가 적은 때라서 자전거 여덟 대가 달리면 모두 서서 본다. 나는 자전거를 새능 앞 미숙이네 집에다 보관한다. 미숙이네는 칠공주집이다. 매일 미숙이 만나 얘기하는 것이 즐겁다. 특히 왕숙천에서 도시락을 같이 먹으면서 다람쥐 길들이기는 더욱 재미있다.

숭실고등학교

광동중학교 2학년 때 일이다. 영어실력이 누구한테도 안 떨어진다고 자부했는데, 우리 동네에 봉고차가 한 대 들어 왔다. 차 옆에다 Presbytterian Misson(미국 북장로교 선교회)이라고 쓰여 있어서 나는 그렇게 긴 단어는 처음 보았다. 무슨 뜻인가 궁금하고 무엇 하는 사람들인가 호기심이 발동하여 따라가 보았다.

일요일인데 코 큰 미국 선교사가 신학생 김종석, 서기문 전도사를 파견하러 왔던 것이다.

찬송가를 가르치신다.

> 하나님은 나의 목자시니 내게 부족함이 없으리로다.
> 푸른 풀밭에 눕게 하시고 잔잔한 물가로 나를 인도하시네
>
> 예수 사랑하심은 거룩하신 말일세
> 우리들은 약하나 예수권세 많도다
> 날 사랑하심 날 사랑하심 날 사랑하심 성경에 써있네

처음 배우는 노래가 재미있다.

성경을 읽는다. 산등성 위에 5,000명이나 되는 사람이 모였단다.

예수님은 사람에게 여덟까지 복이 있다고 가르치고, 떡으로 배불리 먹이시고 몇 광주리가 남았단다. 옛날이야기와 동화까지 해주니 참으로 재미있어서 다음 일요일이 기다려진다.

동네 이장 이정규 씨도 나오시고 동네 어른들은 물론 많은 아이들이 모여든다. 방이 모자라 마루에 마당에까지 서서 있다.

새 학기가 되자 두 분은 가시고 이용기 전도사가 오셨다. 평양에서 홀로 피난 오셔서 설의돈 선교사의 도움으로 신학공부하시는 분이신데, 키도 크고 미남이시고 핸섬하고 지적인 분이셨다. 우리 어머니를 보고 '어머니 어머니!'라고 하셔서 토요일 오셔서 우리 집에서 주무시고 그의 지도 밑에 나는 가정교사처럼 공부를 하고 서울 구경으로 큰 교회들과 신학교도 구경하였으며 나는 교회에 깊이 빠져 들게 되었다. 미국에 알지도 못하는 사람들에게 편지를 썼다.

우리 농촌 사랑방교회가 너무 비좁아서 천막을 세웠으면 한다는 내용이다. 나무로 뼈대를 하고 천막을 세웠으면 한다는 내용이다. 나무로 뼈대를 하고 천막을 씌우는 그림을 그리고 16만원이 든다고 썼다. 설의돈 선교사는 이 편지를 영어로 번역하여 미국으로 보냈고 ,무명인으로부터 돈이 왔다.

마을 이장 이정규 씨가 자기 집 뒤 동무뿌리에 터를 닦고 천막교회를 세우고 십자가와 산소통을 달아 <대한예수교장로회 우금교회>는 소박하게 시작되었다. 다시 좁아지자 마치미, 고인돌, 너베기, 궁말, 대대울의 중앙이 되는 곳에 이용기 전도사가 목조로 교회를 세우고 십자가와 '뎅그렁 뎅'하는 교회 종을 달아 울리고 헌당예배와 세례와 성찬식을 했다.

집사도 다섯 분, 나는 주일학교 선생을 하다가 유년부장을 했고 이순문 군은 자라서 목사가 되어 울릉도 교회를 거쳐 울산에서 목회를 하고, 학교 못 가는 어린이들을 위해 성욱자 선생님 성경구락부를 개교하여 그 밑에서 공부한 남상림 학생은 커서 강남에서 법무사 사무장이 되었다.

나는 그렇게 기독교에 심취되어 광동중학교를 졸업하고 이용기 전도사의 주선과 설의돈 선교사의 장학금으로 서울의 숭실고등학교에 입학하게 되었다.

평양에 있던 숭실학교가 김일성 대학이 되는 바람에 월남하여 용산구 해방촌에 있는 숭실중·고등학교 남산의 숭의여자중·고등학교와 상도동의 숭실대학교를 합쳐 삼숭이라 한다.

숭실고등학교 교장선생님은 김취성 장로님이신데 촌에서 올라온 나, '선교사 장학생'을 잘 돌봐주었다.

2학년 어느 주말에 종로 5가 시외버스 터미널에 가서 일동 가는 버스를 타고 내촌에 가서 6km를 걸어 집에 갔다. 낯선 마나님이 어머니와 같이 계셨다. 처음 뵙는 분이시다.

외가에서 소개하여 신랑감 선보러 오신 것이다. 물론 어머니가 하나밖에 없는 자식 서울 유학 보내시고 외로워 친정에 청을 했었겠지. 또 옛날 조혼하던 관념도 작용하였고 .

그 마님이 두고 가신 처녀의 흑백사진을 품에 넣고 학교를 갔다. 복스런 처녀사진을 보니 좋기만 했다. 사진관에 들러 천연색으로 칠했다. 패스에 넣고 틈틈이 본다. '싫지 않은 모양이지.' 싱숭생숭 마음이 설렌다.

한 달 후 결혼날짜가 잡혔다. 까까머리 고등학생 나이 열여덟에 장가를 간단다. 당시 교칙은 연애만 해도 퇴학이다.

나는 박성수 담임선생님 댁을 찾아갔다. 나는 여차저차해서 결혼을 하게 됩니다. 안 될 일이지만 할 말이 없어 "주례 좀 서주십시오"라고 부탁을 한다. 지금 생각해도 어이가 없다.

"나는 모르는 일로 할 테니까 결석계나 써 오너라."

송일남 씨가 혼자 사주단자를 지고 신부집에 다녀왔다. 이용기 전도사는 큰아들이라도 된 양 결혼준비에 바쁘시다.

중절모에 신사복 구두로 맞추고 청첩장도 만들었다.

청첩장은 이러하다.

청 첩 장

하나님의 거룩한 이름과 그의 섭리를 찬양하리로다.
삼가 아뢰옴은

이 효 득 씨 (장남) 강 규 군
이 홍 림 씨 (매) 춘 자 양

이 두 사람은 하나님의 뜻을 받들어 백년해로를 같이 할 뜻을
이루어 여러 어른과 벗을 모신 앞에서 화촉을 밝히려 하오니
부디 왕림하시와 복된 자리를 빛내어 주시옵소서

때 : 1955년 12월 7일 (수요일) 오후 1시
곳 : 경기도 포천군 가산면 우금리(우금교회 내)

서기 : 1955년 11월 일

주례 : 선교사 설의돈 목사
본교사 이용기 전도사

청첩인 : 이사근 이사문 이사원 이원규
우인대표 : 이정규 이창규 이홍규

동 영 부 인 귀하

일가친척들과 인근 다섯 동네 사람들이 다들 모였다. 시골에서 신식 결혼이 처음이라 더했을 것이다. 오동나무로 옷장을 만들고 이불 등 혼수물을 화물차에 싣고 처남과 신부 등 몇 사람을 태우고 집으로 왔다.

신부는 신혼 웨딩드레스로 갈아입고 선교사의 지프차를 타고 교회로 향했다. 주일학생 인희와 남숙이가 꽃바구니를 들고 꽃을 날린다.

신랑신부가 입장한다. 조원묵이와 김성도가 양쪽에 들러리를 선다.

이용기 전도사 사회로 설의돈 선교사가 한국말로 주례를 진행했다.

이화원이 축사를 하고 주일학교 선생들이 축사를 했다.

하늘도 축복했음인지 겨울이지만 손도 안 시리게 따뜻하다.

가까운 코스로 신혼 드라이브도 했다.

집에서는 통돼지를 잡고 사흘 동안 잔치를 했다.

3일 후 처갓집 근친을 간다.

의정부로 동두천으로 다시 턱거리로 갔다. 삼거리에는 미군들과 양공주들이 가득하다. 거기를 지나서 마을로 올라가니 돌계단 위 큼직한 부잣집이다. 장인, 장모, 처할머니, 처형, 처제, 처남, 모두 인사를 마치니 동네 청년들이 몰려왔다.

신랑을 달아야 한단다. 두 발을 묶어 둘러메고 대추나무 방망이로 때린다.

"딱!"

"아야!"

"딱!"

"아야!"

장단을 맞춘다.

고등학생이 한문을 알랴. 한글 한자 없는 한문 쪽지를 내민다.

내일 몇 시 어느 술집으로 나와라. 아니면 금수만도 못한 놈이다. 하는 내용이다. 그리 어렵지는 않기에, "그 술집이 어디냐?"했더니 테스트는 넘어갔다.

피어선 성서학원

숭실고등학교를 졸업하고 남산에 있는 총회신학교에 들어가고자 했다. 입학원서에는 추천서가 첨부되어야 한다. 전도사, 목사가 되어야 하니까. 그동안 돌봐 주시던 설의돈 선교사님은 안식년으로 미국으로 귀국하고 이용기 목사는 일본으로 유학하고 안 계시다. 할 수 없어 설의돈 선교사 옆집 곽안전 선교사를 찾아갔다. 초대선교사 곽안련 선교사의 아들이시다.

"목회자의 길은 단순히 생각할 일이 아니니다. 시간을 두고 기도해 보고 결정하는 것이 현명하다."

선교사의 말씀으로 대대로 목사이신 그가 체험해 보고 하는 권고이리라.

자기가 교장으로 있는 '피어선 성경학원'에 부부가 같이 와서 공부해 보고 졸업하고 그대 신학교에 가라는 것이다. 학원 등록금, 기숙사 생활비 등은 자기가 대주겠다는 것이다.

우리 부부는 나는 고등부, 처는 보통반 기숙사에 들어가 지내면서 공부한다. 처는 임신이 되어 몸이 무거워 1학년을 마치고 귀향했다. 피어선에는 홍선기, 이은종, 김경하, 신용철 그리고 '오빠! 오빠!'하는 이영자 등의 친구가 있다.

2학년 1학기 나는 저녁이면 특활로 한글 계몽운동을 했다.

그 당시 서울 시골 할 것 없이 낫 놓고 기역자도 모르는 사람이 많았다. 종로 기독교서점에 들러 한글 첫걸음과 한글괘도를 구했다.

청량리 답십리교회에서 할머니 아주머니 28명이 모였다.

저녁이면 가서 가르친다. 하나하나 깨달을 때 좋아하는 모습을 볼 때 나도 기쁨 학생 못지않다.

피어선 2학기 목회를 실습해 본다.

광주군 곤지암리에 교회가 세워졌다. 선배가 맡았다.

나는 하계리 조그만 교회를 맡아 목회하러 나간다.

할머니 집사 한 분이 사람을 모은다. 몇 명 안 되는 교회에서 어려움이 많다. 동두천에서 온 친구 김경하가 동두천의 동성교회 여전도회에서 개척교회를 하려는데 가보란다.

동두천 서쪽으로 10리길 상패리, 하패리, 창말을 어우르는 곳이다.

상패리에서 사랑방을 빌리고 마을 사람들을 모았다. 상패초등학교 교장 선생님이 후원해주셔서 큰 힘이 되었다.

양복에 중절모 쓰고, 가방을 들고 일요일마다 찾아가 기도하고, 찬송가를 부르고 설교를 한다. 이강규 전도사이다. 사랑방이 비좁아 천막을 세우고 산소통도 매달고 십자가를 달았다.

"대한예수교장로회 성은교회!"이다.

주일이면 설교를 준비하고 기도하고 등단하여 식순에 따라 설교한다. 목회자에게 얼마나 중요한 시간인가? 생명과도 같은 하늘의 메신저로서 은혜가 전달되어야 한다. 신학교를 가고 목사가 되려는 사람으로서 시련과 훈련을 받는 것이다.

교인은 점점 늘어가고 은혜로워 하는데, 나는 점점 서론과 본론을 설교하고 결론을 맺어야 하건만 갑자기 냉랭해지면서 고통스럽다. 메신저로 은혜를 전달하는 게 아니고 인위적인 연설자, 웅변가가 되고 있는 것이 아니었던가. 산상에도 갔다. 철야기도도 했다.

나는 목회자가 되어서는 안 되는 건가. 차라리 선생이 되어 사회봉사를 하는 것이 어떠하리.

교회는 김경하에게 인계하고 피어선에 자퇴서를 내고 귀향했다.

서울문리사범대학

피어선 성서학원을 그만두고 집으로 왔다. 내 꿈은 저 하늘에서 땅으로 돌려졌다. 입학 요강을 살펴보니 일류 명문대학은 자신이 없고 서울문리사범대학이 눈에 들어온다. 중학교 2급 정교사 자격증이 수여된단다. 입학시험 날짜가 한 달 남았다. 머리를 싸매고 공부한다. 사회생활과에 원서를 접수했다. 입학시험장에 들어갔다. 판소리에 관한 문제는 못 쓰고 그런대로 답안지가 메워졌다.

다들 실력이 없었는가는 몰라도 합격통지서가 날아왔다. 황봉숙, 황정자, 성육자 선생 등이 축하하며 광릉 숲속 길을 걸으며 청운의 꿈을 길렀다. 아버님은 검은돌 논 1,000평을 팔아 등록금과 학비를 마련해 주신다. 입학식에 1,034명의 신입생과 김성배, 김봉호, 김성근, 김연옥, 김석목, 강성일, 강경구, 강대현, 노도양, 임병윤, 민태식, 이태호, 이상보, 이지호, 이종영, 이현승, 정창성, 차석기, 최인범, 채문식 교수 등 20여 명의 교수를 소개받았다.

같이 공부한 동기생의 명단이다.

강맹원 : 전북 정읍군 기포읍 구토동

강상갑 : 서울 영등포 당산동

고진성 : 전남 광주시 삼도1동

고재림 : 전남 무안군 무안면 용월리 원상동

고영철 : 전남 광산군 하남면 안청리

고재령 : 서울 서대문 홍은동

권택구 : 경북 예천군 성평면 상동

구재명 : 충남 서천군 마서면 장신리

김택수 : 가원 횡성군 둔내면 설교리

김용희 : 전남 광주시 양림동

김위현 : 경북 청송군 파천면 백전리

김영대 : 서울 마포구 공덕동

김관성 : 전북 남원군 남원읍 동충리

김학룡 : 경기 이천군 신둔면 수하리

김정오 : 전남 장흥군 대덕면 신일리

김의종 : 전남 장수시 범접동

김제유 : 제주 한림읍 한림리

김효진 : 경북 예천군 예천읍 지내동

김갑선 : 전남 구례군 구례읍 백운리

김양배 : 충북 청원군 강외면 서평리

김윤홍 : 제주 남제주군 성산면 수산리

김교원 : 서울 동대문 전농동

김진성 : 서울 동대문 창신동

김용근 : 충남 아산군 인주면 문방리

김근영 : 서울 영등포 당산동

김태정 : 경기 양주군 별내면 퇴계원리

박종선 : 충남 부여군 부여면 교지리

박창자 : 경남 부산시 서대신동

박건수 : 서울 중구 묵정동 2

박한서 : 충남 예산군 견오면 대야리

박찬묵 : 충북 중원군 묘성면 온천리

박광용 : 충남 논산군 벌곡면 한심천리

서정애 : 서울 성북종암동

서경자 : 경남 진해시 경화동

서병태 : 전남 광양군 골암면 태인리

서규석 : 서울 성북구 송천동

서우선 : 충남 논산군 채운면

송용환 : 전남 남원군 아미면 인개리

신성인 : 청북 청원군 문의면 산덕리

심재춘 : 충북 중원군 기문면 추평리

심행삼 : 경기 양주군 백석면

심우십 : 경기 양주군 백석면

심재민 : 강원 강릉시 추산동

안종근 : 서울 성북 종암동

엄락중 : 서울 성북 삼양동

엄원용 : 강원 강릉시 원포면 유현리

오복히 : 충남 천안군 온양면 신덕리

오도양 : 전남 영현군 마산면 상사리

우정순 : 충남 서산군 인지면 야당리

유휘상 : 저남 고창군 고창읍 성두동

윤종희 : 경북 선산군 원동 1구

윤병열 : 충남 천안군 천안읍 봉명동 2가

윤종태 : 서울 성북 정릉동

윤병수 : 충북 중원군 엄정면 미내동

이강규 : 경기 포천군 가산면 우금1리 마치동

이락본 : 충남 청양군 사양면 대봉리

이종구 : 충북 충주시 교현동

이영규 : 서울 영등포 도림동

이영석 : 경북 성주군 수류면 봉양동

이승자 : 경기 수원시 북수동

이남미 : 충북 천안군 부안읍 대흥동

이종상 : 충남 아산군 온양읍 지산리

이영협 : 경기 고양군 송포면 가오리

이한옥 : 충남 서산군 부석면 오당리

이수명 : 경북 칠곡군 석적면 포남동

이정자 : 충남 부여군 현암면 송남리

이상희 : 경기 광주군 락생면 판교리

이진석 : 충남 연기군 서면면 국촌리

이기형 : 충남 논산군 성동면 원북리 하갈

이방훈 : 충남 보령군 노포면 과송리

이구재 : 서울 성동 마장동 무기고 내

이병훈 : 서울 동대문 전농동

이희녕 : 서울 동대문 창신동

이정행 : 충남 보령군 주산면 주야리

이준용 : 서울 영등포 노량진

이수병 : 경기 김포군 대곶면 오미산리

이강웅 : 전남 보성군 전교리 락성리 월평

이서미자 : 충남 부여군 부적읍 쌍북리

이도행 : 서울 서대문 만리동

이영구 : 경기 평택군 창성면 두정리

임부자 : 서울 서대문 불광동

임무웅 : 경기 사천군 사천면 사천리

문연하 : 전남 광주시 실동

정정웅 : 경기 이천시 주안동

정희융 : 서울 성북 송천동

정풍근 : 경북 상주군 사벌면 덕택리

진안자 : 서울 중구 가자동

주협종 : 서울 성북 하월곡동

조융구 : 충남 부여군 세도면 장산리

조재후 : 경기 화성군 반월면 대야미리

조병헌 : 경북 영주군 풍기면 성내4동

채용묵 : 경북 예천군 하리면 금곡리

채세병 : 서울 동대문 청량리1동

최진용 : 경남 보양군 대곡면 와룡리

최문자 : 서울 마포 아현동

한건수 : 충북 충주시 안림리 안심동

하만구 : 경남 진얀군 대곡면 와룡리 송정

허준호 : 전남 진도군 진도면 동외리

최규옥 : 전남 목포시 산정동 1구
허승진 : 제주 제주시 건입동
한정훈 : 전남 진안군 조천면 갈용리

한 동문 103명 중 친했던 친구는 광주 이상희, 이천 김학용, 진천 이희영, 구재명, 정읍 김태정, 중원 심재춘, 거창 최진호 등이 가까이 지내며 편지로 연락하며 대소사에 왕래하였다.

입학 후 몇 개월 후 5월 16일 군사혁명은 일어났고 교문에 군인들이 보초를 선다.

그동안은 자유복이었는데 사각모와 교복을 입게 했다.

챙이 달린 사각모를 비뚜룸이 쓰고 등교하니 수위 왈

“어울리는데~~.”

이천군 신둔면 사는 김학룡과 광주군 낙생면 사는 이상희, 그리고 나, 그렇게 셋이서 북아현동 산꼭대기에서 자취를 한다. 물지게로 물을 길어오고 두부장수 아주머니에게서 비지덩어리를 사서 집에서 가져온 반찬으로 찌개를 끓여 맛있게 먹는다. 한번은 자다가 연탄가스를 마셔 주인아주머니의 동치미 국물을 마시고 살아났다.

2년제 대학이니까 첫해는 신입생 다음해는 졸업반이다. 중학교 2급 정교사 자격을 따려니까 교생실습을 간다. 내가 실습 갈 속은 풍문여자중고등학교다. 옛날 궁중여인들을 교육하던 곳이란다. 우리 문리사대 졸업 예정자 8명과 연세대학교 교육학과 4학년 졸업예정자 8명이 함께 교생실습을 하게 되었다.

처음에는 수업을 견학하고 다음은 각반에 가서 교단에서 한 시간 교육해보고 평가받아 모범수업을 하는데 16명을 대표하여 내가 1학년 4반 이백합자 선생님이 담임하는 반에서 모범수업을 하고 평가를 받는데

이백합자 선생님 왈, “나보다 더 잘 가르쳐요”

교장 선생님 왈 “졸업하고 우리 학교로 오시오”

사립학교이니 가능도 할 것이다.

대진대학교 경영대학원

문리사대를 졸업하고 늦깎이 마지막 교육이요, 학창시절이다.

서울문리사범대학을 졸업하고 서울 영등포 구로2동에 점진중학을 설립 교사생활을 3년 마친 후 귀향하여 마을에서 이장, 새마을지도자, 양식계장 산림계장을 했다. 가산면에서 빙그레 낙우회장 농촌지도자 연합회장 새마을지도자 협의회장을 하면서 은광산업을 창업하고 은광판지포당(주)를 건설하고 대표이사로 있으면서이니 늦깎이이다.

경기도 북부상공회의소에서 산학협력으로 공부시키는 경영대학원인 것이다. 첫해는 의정부상공회의소 이층에서 포천, 의정부, 양주, 동두천 지역에서 경영하는 사장들이 야간에 모여 교수들에게 수업을 받고 다음 해에는 포천의 대진대학교 대학원 강당에서 최고경영자과정을 교육받았다.

2년 수료 후, 졸업 전 산정호수에서 축하파티를 하고 다음날 대학원에서 박사복에 박사모자를 쓰고 색이 다른 띠를 두르고 졸업식을 했다. 의정부 동두천 국회의원도 같이 졸업했다.

나는 졸업식에서 홍형기 총장에게서 수료증서와 공로패를 수여받았다. 시골사람으로 최고의 영예다. 가족과 동서 내외들이 축하하러 와서 각 곳에서 기념사진을 찍고 동해해물 뷔페식당에서 맛있게 식사를 했다.

제2편.
지도자(指導者)

교사생활

서울문리사대를 졸업하고 풍문여자중학교로 갈까 하는 생각도 있었지만 대한민국 남자라면 3년간 군복무를 하는 것 아닌가. 나는 신체검사에서 지체부자유환자로 면제판정을 받은바 있다.

그러나 나는 사회봉사를 하자는 마음 중에 전국의 성경구락부를 관리하시는 숭실고등학교 때 알았던 해방촌교회 김찬호 목사를 방문하였다. 목사님 말씀이 "내가 구로동교회를 개척하고 있는데 와서 중학생들을 모아봐라."고 하신다.

구로동은 박정희 정권이 워커힐을 빨리 왕래하기 위한 청계천 고가도로를 만들기 위해 청계천 주변을 철거하고 공영주택, 일반주택, 구호주택을 영등포구 2동에 지어 주민들을 이주하게 한 곳이다.

구호주택은 집 문밖에다 솥을 걸고 반찬을 하러 안에 들어가면 뜨거운 솥 째 집어가는 형편이다. 교회는 서쪽 기찻길 옆에 터를 닦고 흙벽돌로 짓고 뒤편으로 방하나 부엌하나 있는 곳이다.

4월 1일 입학식을 정하고 중학생 신입생 50명을 모집한다고 벽보를 붙였다. 많은 학생들이 몰려왔다. 면접을 하고 100m 달리기를 시켰다. 짜장면 한 그릇이 2,000환인데 매월 500환의 학비를 내라 했다.

청계천5가 헌책방에서 교과마다 교사용도 포함해서 55권씩 사왔다.

교인 가운데 최동석, 전봉근, 김시경, 이완영, 이진영 선생 등이 나오셔서 한 과목씩 맡아 무료봉사를 해주셨다.

나는 쌀을 지고 갔다. 처음에는 주원 어머니가 해주시는 밥을 먹다가, 나중에는 여학생들이 교대로 해주는 밥을 먹고 방에서 자며 사무실로 쓴다. 등록금 500환을 못 내는 학생을 위해 장학금제도를 해서 해결한다.

한해가 지났다. 2기생을 모집했다.

이상연, 이숙천이 들어온 것이다. 특별활동을 한다.

<모의 재판>

한 달 동안 학교생활에 대한 규칙(학칙)을 정해놓고 잘못한 사람을 규율이 기소하여 재판하는 실제 재판이다.(실질 교육이 중요하다.)

검찰에 학급반장 한상호 판사, 한기찬 서기, 장명희 변호사, 이진영 선생이다.

두꺼운 검은 판지를 접어 모자를 씌우고 검은 보자기로 망토로 삼아 어깨에 걸치고 한기찬 판사가 앞의 의자에 앉았다.

백종섭이 피고로 앞에 섰다. 변호사 이진영 선생이 옆의 의자에 앉았다. 학급반장 한상호가 나와 논고를 발표한다. 판사가 심문한다. 변호사가 변론한다. 물론 큰 죄가 잘못이 있는 것은 아니다. 해 보는 것이다. 판사로부터 판결이 난다.

일반 법원의 재판이라면 무죄이거나 벌금형 감옥형 징역형일 것이다. 이 모의 재판의 판결은 시나 작문 어느 것도 좋다. 피고 백종섭은 두통 일반 학생들은 한통씩 써 오라는 것이다.

서기 장명희는 글들을 모아 이진영 선생님과 글을 정리하여 교지

<앞날>을 마련한다.

3년 한 반을 졸업시키고 귀향할 때는 교지 <앞날> 4호가 나왔다.

그 중 인명시조 하나를 본다.

이 : 이처럼 애절하게 떠나시면서
강 : 강하게 담대하라 외치신 말씀
규 : 규례삼고 일평생 지내오리다

- 교사 최동석 선생 씀

학교 이름을 처음은 <구로동 성중>으로 했다가 나는 <점진중학교>라 했고 내가 온 후에는 정희상업중고등학교로 변모해갔다.

삼년 간 동한 헌신봉사로 지도해주신 분이다.

점진중학교 지도교사
~~강용옥~~ : 구로 2동
서호연 : 구로 2동 공익 2056 경희대 국문과
고영훈 : 구로 2동 공영 205 한양대 영문과
송영찬 : 영등포 신학대학
김기팔 :
안성결 : 안암동 104~128
김석영 : 당 1동 158 건대 화학과
윤대환 : 구로 2동 간이 881

김석홍 : 구로 2동 간이 625 중앙대 법학과

김선영 : 거제동 부구천 한양 공대 미술과

김시경 : 용산동 2가

김인섭 : 구로 2동 공영 21

김인자 : 용산동 2가 8 경희대 화학과

김중배 : 을지로 4가 276 건대 영문과

김찬호 : 용산구 해방동

도지덕 : 전농 1동 359

문시옥 :

박진선 :

배동운 : 구로 2동 공영 757 서울대 문리대 독문학과

서근덕 : 홍성군 홍동면 문당리

이강규 : 경기 포천 가산 우금리 서울 문리 사대 사생과

이두훈 : 서울 홍익동 84~4

이완영 : 구로 산 3~1

임재용 : 원효로 숭실대 국문과

전봉근 : 구로 2동

정창섭 : 구로 2동 공영 553

조순희 :

최동석 : 구로 2동 공영 853

최태우 : 구로 2동 간이 523

허 환 :

33명의 지도 교사가 봉사하셨다.

학생들의 명단을 보자

제1기 졸업생

권흥수, 김봉환, 김용식, 김인호, 김정삼, 김종환, 김혁조, 민규식, 민병학, 민종식, 박문기, 방상건, 박지탁, 백종섭, 서창휘, 성두영, 손윤길, 염금열, 유남식, 윤석용, 이병구, 이상복, 이억선, 이성무, 정하승, 주광철, 진동률, 최달범, 최병찬, 최선식, 한기찬, 한상호, 함태영, 손순희, 이경자, 이숙희, 이향자, 장명희, 정용순, 정혜경, 조순희, 주영순, 하정숙.

- 50명 중 43명 졸업

제2기 졸업생

공영식, 권찬희, 김길용, 김도문, 김명수, 김명호, 김수명, 김종식, 김태근, 김학철, 문상영, 문용관, 박 일, 박형진, 방종태, 신서경, 신승열, 이무진, 이상복, 이석규, 이옥승, 이은관, 이창상, 전성준, 정경진, 채원모, 채원호, 최수호, 함종억, 홍권희, 홍병호, 홍창표, 황재원, 구순옥, 김명주, 김용오, 김정순, 김희좌, 민장순, 박금자, 박순성, 백순려, 양명숙, 양재복, 오경옥, 이상연, 이숙천, 이영희, 이현자, 임성희.

- 55명 중 50명 졸업

제3기생

강복귀, 강성근, 강승일, 강용문, 고광희, 권찬희, 김명수, 김문영, 김서자, 김성현, 김정율, 김현순, 문제용, 문종갑, 박순건, 박용히, 박진실, 박향수, 백완기, 변해길, 서동환, 소옥희, 송종식, 송주영,

원성숙, 윤영옥, 이순옥, 이순자, 이승희, 이완섭, 이일숙, 이한종, 임성희, 장병중, 장상진, 장유복, 장학일, 정만호, 정무진, 정영희, 정태숙, 정하욱, 정효성, 차영복, 차연순, 차영신, 최경숙, 최민순, 최병찬, 하근옥, 하남선, 하한욱, 한영식, 허한욱, 현석주, 현용길,

- 56명

1964학년도 월훈과 주훈을 적어보자.

3월 : 교풍확립

1주. 경례엄정, 2주. 복장단정, 3주. 시간엄수, 4주. 임무완수

4월 : 봉사의 달

1주. 나무를 심자, 2주. 남을 돕자, 3주. 학교봉사, 4주. 사회봉사

5월 : 법을 지키자

1주. 인권존중, 2주. 물권 존중, 3주. 복장 단정, 4주. 공공시설 애호

6월 : 때를 알자

1주. 봉사할 때를 알자, 2주. 복장은 때를 맞춰서

3주. 부모님 은혜를 알자, 4주. 국난을 상기하자

7월 : 책임 완수

1주. 임원 책임완수, 2주. 각부 활동 책임완수

3주. 학습활동의 책임완수, 4주. 봉사활동의 책임완수

8월 : 방학의 달

9월 : 모범생활의 달

1주. 지육주간, 2주. 종교 주간, 3주. 봉사 주간, 4주. 체육주간

10월 : 준법의 달

1주. 수업분위기 조성, 2주. 결석 금지 주간

3주. 복장 단정 주간, 4주. 모의 재판 주간

11월 : 감사의 달

1주. 부모님께 감사, 2주. 국가와 사회의 감사

3주. 하나님께 감사, 4주. 학교와 스승님께 감사

12월 : 성탄의 달

1, 2주. 캐롤 주간, 2주 총결산 주간, 3주. 성탄주간

1월 : 방학의 달

2월 : 정리의 달

1주. 용구 정리 주간, 2주. 종강 주간

3주. 년말고사 주간, 4주. 끝맺음을 잘하자

내가 1기생을 졸업시키고 귀향할 때가지 학교 교집 <앞날>을 1. 2. 3. 4. 호를 냈다. 앞날 4호 2~4쪽에 실렸던 글을 적어 본다.

졸업생들에게!

이강규 선생 씀

글제를 받고 보니 감개무량하구나! 흙벽돌 건물에서 긴 의자 열 개를 늘어놓고 너희들을 찾아 길거리로 집으로 촌락으로 낯선 집문을 두드려 너희들을 불러 모았던 일이 엊그제 갔건만 너희가 형설의 공을 쌓기 어언 삼개성상, 성공에 이르는 사다리를 구축했으니 말이다.

풍우도 많았어라. 너희가 걸어온 길은 가시밭길의 연속이었도다. 험

준한 태산준령을 넘어 넘나드는 파도와 더불어 싸워 이겨온 너희의 기백과 정력에 자못 감탄과 함께 칭찬을 아끼지 않는다.

책상 없는 불편함도 책 없는 쓰라림도 운동장 없는 안타까움도 사정없이 풍우심한 텐트속의 시달림도 도시락 없는 배고픔과 애처로움을 개의치 않고 이겼으니 말이다.

가난과 곤경이 너를 불렀고 너희가 이들과 싸워 3년동안 손에 어깨에 핏방울 맺힌 작업이 만들고 쓰던 유산품들을 동생들에게 넘기게 된다. 떠나는 마음 보내는 마음 무엇으로 주고받으랴!

그간 선생의 말씀으로 자라온 너희들이었기에 몇 가지 일로 다시 부탁한다.

무엇을 가졌나?

"너희는 어려서 성경을 배웠으니.(디모데 후서 3장 16절)"

너는 뭣을 가졌는가? 너는 무엇을 배웠는가? 종교 지육 체육 봉사로다. 기독교적인 인격과 헌신적 애국인이었던 것이다. 너는 어느 위에 서서 어떤 집을 구상했으며 무엇을 잡으려고 어떤 무기를 닦았는가? 이제는 네가 가진 것을 기초로 하여 잊으려지지 말고 원만한 인격과 동량지재로 봉사인이 되어라.

자력 점진

자력이란 말은 3년간 귀에 읽히어 그 뜻을 능히 알리라.

네가 공부한 곳이 점진중학교였도다. 그 점진의 뜻도 가히 알리라.

점진중학 본교에서 수학하던 너희들을 내 보내기 자못 아쉬워 석별의정을 금치 못하여 이제 선물을 하리라. "자력"과 "점진" 두 구슬을 한데 꿰어 "자력 점진"의 구슬을 너희 스승, 네 선생이 너희를 어여삐 여겨 주는 것이니 오래오래 간직하라. 실용품이니 늘 사용토록 하고 닳지도 부서지지 않는 것이니 많이 애용토록 하라.

내가 미우냐? 내가 얄궂으냐? 별명을 부르렴. <자력 점진>이라고.

새로 준 선물이니 쓰기가 아깝지! 써라! 필수품이다.

안 써봐서 서투르지 많이 써라 애용하라!

은사를 찾아라

"우물 안 개구리를 세상에 내 놓는다."

"어린 양을 이리 틈에 보낸다."

모두 오늘의 내 심정을 피력하는 말들이다. 작은 보트에 분승하여 거친 망망대해에 내보내는 심정이다.

가라! 아는 길도 물어라! 쉬운 것도 의논하라! 너를 도와줄 구인을 만나리라. 언젠가 말했지! 선생은 나만이 아니다. 은사는 네가 찾아서 만들라 때가 왔도다. 어서 출항하라! 안심하고 떠나라! 배 뒤에 키가 있어 방향을 잡듯이 내가 있으리라 너희와 고락을 같이 하시던 선생님들이 계시다.

같이 뛰고 같이 슬퍼하고 같이 굶고 같이 헐벗고 같이 벌 받던 너희의 선생님들이 뒤에 있단다, 혹시 잘못을 범했더라도 안아 주리라. 인도하신 주여 저희에게 가호하소서.

재학생들과 1회 졸업생들에게 나는 훈시를 했다.

"강하고 담대해라. 좌로나 우로나 치우치지 말라."

나는 열변을 토하고 학교를 두고 고향으로 간다고 했다.
졸업식장은 눈물바다가 되었다. 이래서 저래서.
식이 끝나자 나는 봇짐을 메고 칼같이 떠나왔다.
왜 그랬나. 후회가 된다. 좀 다독거리고 안정될 때, 와도 되었을 텐데.

그 후에 한 학생이 보낸 편지를 한통 찾아본다.

제2기 이숙천양의 글이다.

한 없이 보고 싶은 이 선생님께

선생님 저는 울고 있어요. 선생님이 보고 싶어서요.

인자하시고 자비로우신 선생님의 모습이 보고 싶어서요.

선생님 저는 어떻게 합니까? 기쁨 슬픔을 같이 하시던 선생님이 없으시니까요. 선생님 저에게 사랑만 해주시다 떠나시는 선생님이 밉습니다. 왜 저에게 꾸짖고 욕하시고 때려 주시고 가시지 왜 바다의 물결과 같이 제자를 사랑하며 돌보시다가 가시면 저희들은 어떻게 지냅니까? 선생님 선생님이 떠나시던 날 말입니다. 저는 집안 사정으로 얼마나 울었는지 모릅니다. 그러다 저는 선생님께 드릴 말을 글로 써서 편지를 책가방에 넣고 눈물을 닦으며 달음질치며 학교에 와서 의자에 앉았습니다. 그러자 이진영 선생님께서 선생님이 가셨다는 말씀을 하시기에 또 울었습니다.

꼭 저의 희망이 무너지는 것 같았습니다. 저는 어떻게 해야 할지 몰랐습니다. 왜 오늘 따라 지각을 해야 했을까? 선생님의 마지막 모습이라도 한 번 더 보았으면 괜찮을 텐데 이게 무슨 얄궂은 운명이란 말인가 하는 생각이 들었습니다.

학교가 무엇이고 인생이 무엇인가. 저는 다 귀찮았습니다.

친구들도 울었더군요.

저는 생각하다 못해 선생님이 행복하시라고 기도를 들렸습니다.

그래도 선생님의 생각이 자꾸 떠오르는 동시에 슬퍼져서 저희들은 극장으로 향했습니다. 하지만 영화를 보고 있는 중에도 선생님이 생각이 떠오르는 것이었습니다.

영화 제목이 <아빠 돌아와요>였는데, 나는 <선생님 돌아와요>라고 외치고 싶은 마음이었습니다. 지금 당장 선생님 따라 가고 싶었지만 그렇게 하라고 허락하지 않는군요. 저는 참았습니다.

선생님의 행복을 위하여 선생님이 말씀해 주신 "너는 강하고 담대하라. 극히 담대하라. 우로나 좌로나 치우치지 말라."하시던 모습이 보고 싶었습니다. 그리고 언제나 입속으로 되풀이 하면서 꼭 실천해야겠다고 맹세합니다.

그리고 선생님은 다시는 오시지 않을것만 같았습니다. 그러나 아니야 꼭 오실 것이야 우리들을 만나러 .

선생님 말씀하셔요. 꼭 오신다고요. 왜 말씀이 없으세요. 저희가 말을 안 들었습니까? 싫습니까?

선생님, 이제부턴 선생님 말씀 잘 기억하며 열심히 공부하겠어요.

선생님이 만나주신다면 저는 서슴지 않고 훌륭한 학생이 되겠다고 맹세하겠어요. 선생님 믿어줘요.

선생님이 안 계신 학교는 늘 허전하고 더불어 슬픔 속에서 하루

하루 지내고 있습니다. 선생님 다시 한 번 만나주세요.

할 말은 바다의 모래알 같지만 서울에서 만나 이야기하기로 하고요. 이만 줄이겠어요.

그럼 '안녕'

1966년 3월 22일

돼지 이 숙 천 올림

"선생님 방긋 웃어 주세요. 네?"

구로동성중은 점진중학교가 된 후에 정희상업중고등학교로 변모되었다. 점진중학교 졸업생 중 한기찬은 중앙대학교 법학과를 나와 변호사가 되었고 <알기 쉬운 법률생활> 10여 권을 출판하였다. 장명희 양은 이화여자대학교를 나와 기독교 방송국 옆 청산중고등학교 교사로 근무하고, 이병구는 충주비료공장 과장으로 근무하며, 김명호는 영등포 공작창에서 근무하며, 이상연 양은 건강관리협회 소장으로 근무하고, 이숙천 양은 동양텔레비전 기술부장과 결혼하고, 이향자 양은 전봉근 선생과 결혼하여 행복하게 사는 등 모두 잘 지낸다.

나는 국가의 의무인 군복무 대신 사회봉사 3년을 마치고 귀향하여 고향에서 부모님 모시고 생활을 펴나간다.

빙그레낙우회 회장

국가를 향한 나의 의무 사회봉사 3년간을 마무리하는 교사생활을 정리하고 부모님 곁에서 고향에서 살기 위해 울며불며 매달리는 학생들을 뿌리치고 고향으로 왔다.

먼저 무엇을 어떻게 해야 할지 고민이 왔다. 적은 것 돈 덜 들어가는 것부터 행할 것 같다. 남이 버린 화전밭을 일구어 옥수수를 심고 병아리를 길러 양계부터 했으면 하는 생각이다.

천호부화장에 가서 병아리 300수를 사왔다. 노란 병아리가 '삐악삐악' 귀엽기 한이 없다. 한 달이 되니 수놈들은 영계 백숙감이 되었다. 수놈 170수를 팔아 사료를 넉히 들여오고, 암놈들을 넣을 케이지 만들어 왔다. 130수의 암놈들을 뒤꼍에 케이지에 넣어 길렀다.

처음에는 조그만 초생란을 낳더니 큰 계란을 잘 낳는다. 판로가 문제다. 마을에서 이웃동네서 더러 사가지만 많이 쌓인다. 난자에 계란을 담에 자전거에 싣고 가산 송우리를 거쳐 의정부 시장에 가서 판다.

40리길 왕복 80리를 힘든 줄 모르고 신이 나서 페달을 밟는다.

그러나 그것도 한두 달이지 힘든 일이다.

결국 닭을 다 팔고 젖송아지 두 마리를 사왔다. 결국 송아지는 크고 커서 젖을 짜는 젖소가 16마리 우일목장이 이룩되었다.

우유를 짜 놓으면 구리 빙그레에서 집유차가 와서 실어가고 우유대금은 가산 농협으로 송금되어 온다. 가산면에 목장하는 집이 16집 각모장주는 농협에 나오고 돈도 만졌으니 점심도 먹게 된다. 이 자리에서 나는 <빙그레낙우회> 회장이 되었다.

수놈 송아지 몇 마리 팔고 저축한 돈 보태면 땅이 한자리이다.

결국 나는 논 10,000평, 밭 3,000평 임야 계단밭 1,500평을 마련하였다. 그 임야가 나중 평지로 매립하여 은광판지 포장(주)가 되었다. 가나안농군학교 막사이상을 수상하신 김용기 장로님이 자랑하시길 '나는 땅이 10,000평이다'라고 자랑하시면서 '10,000평 가진 분 손들어 보라' 하시기에 손을 번쩍 들면서 '더 된다'고 했더니 '대단하다'라고 칭찬을 아끼지 않으셨다.

가을이면 농협에서 벼를 수매하는데 그 시절 군수 면장이 각 부락에 독려 차 다닌다. 경운기에 벼를 싣고 수매장에 갔더니 면장이 다방으로 오란다. 군수가 칭찬 겸 커피를 산단다.

목장이고 농사가 힘들지만 스스로 보람을 느낀다.

농촌지도자연합회장

성장하면서부터 '목사 하네, 선생 하네.'하면서 서울에 있다가 농촌에 내려왔으니 농사에 대해 아는 것이 없다. 아버지가 하시던 일을 어깨너머로 본 것 밖에 없다.

그러니 면사무소 옆에 있는 가산면 농촌지도사를 찾아가게 되고 지도사들과 대화로 질문의 답도 듣고 참고의 책들도 받아 읽게 되었다. 젖소 송아지 구입과 키우는 법, 착유와 빙그레에 보내는 일 모두가 지도사들의 덕이었다. 과수재배도 지도를 받아 밭에 배나무에 심고 포도원도 만들었다. 우금리는 나를 따라 포도원이 많아져 포천꿀포도재배단지가 이뤄졌다. 그러니 내게 포도묘목 구입과 묘목재배법, 시비와 비가림재배법, 봉지 씌우기 등은 농촌지도자가 되기 시작되었다.

밤에는 동네 청소년들을 모아 '네 잎 클로버'의 '4-H클럽'을 조직하여 지도한다. 이현순이 회장이고 박동만이 회장이다. 모두 열심히 모여 설명도 듣고 작업도 한다. 지(知), 덕(德), 노(努), 체(體). 네 잎 클로버 활동이다. 책도 읽고, 봉사도 하고, 새끼 꼬기도 하고 여러 가지 운동도 한다. 가산면 농촌지도소에서는 우금에서 하는 것을 보고 각 마을에 지도할만한 사람들을 의뢰하여 4~H 구락부를 조직하게 되고 마을의 부녀자들을 부엌에 입식작업대, 작업복, 장려 등을 권고하여 마을마다 지도자들이 있으니 지도소에서 각 마을 농촌지도자 연합회를 만들게 되어 나는 <가산면농촌지도자연합회장>이 되고 전 회원의 이름으로 공로패를 받게 되었다.

농촌진흥청에서 발행한 <농촌 생활에서 찾은 보람>이란 책의 59~64쪽에 실린 가산국교 17회 동창이기도 한 가산면 금현4리 부녀회장 유정렬의 <다시 돌아온 내 고향>의 일부분을 적어본다.

> 내 고향 포천 그 중에서도 가산면 금현리는 내가 태어나 자란 곳으로 20여년이 지난 후에 뻐꾸기 제 둥지로 찾아오듯 다시 돌아보고 오니 감회가 새롭습니다. 이 고향 친정마을에 자리를 잡은 지 6년 밖에 되지 않지만 지난 3년간 총무 및 부녀회장을 역임하면서 다 함께 잘살아보자는 신념으로 깨끗한 문화생활을 영위하자는 생각으로 조그만 일부터 시작했고 지금도 계속하고 있습니다.
>
> 1989년부터는 농촌지도소의 생활개선 종합 시범마을로 지정되어 식생활개선 교육과 함께 주거환경 개선이 활발하게 이루어지고 있습니다. 지도소의 부업개량 사업이 들어와 그동안 경제적 사정은 나은 편이면서도 생활수준이 떨어짐을 염려하던 차에 아주 좋은 기회라 생각하고 마을 부녀회원들과 최선을 다해 보리라 다짐해 봅니다. 부녀회에서 공동 경작포 논 3,400평을 경영 100가마를 추수하여 220만 4천원을 수입하고 1,300평을 밭에 콩 들개를 재배 공동 이익금으로 12만 8천원을 운천 보육원에 기부금을 내기도 하였습니다.
>
> – 금현4리 부녀회장 유정열 씀

가산 초등학교 동창인 유정열 회장은 그림 솜씨도 대단해서 우금1리 우금정을 지을 때 나무 위에서 매 두 마리가 애무하는 그림을 그려서 희사해준 적도 있다.

가산면을 시작하여 각 면별로 농사개량구락부 4-H 구락부 환경개선 구락부가 조직되어 포천군농촌지도자협의회가 구성되었다.

이장과 새마을지도자협의회장

첫 번째, 교량건설 공사!

먼저 <새마을노래>부터 들어보자.

1.
새벽종이 울렸네 새아침이 밝았네
너도 나도 일어나 새마을을 가꾸세
살기 좋은 내 마을 우리 힘으로 만드세

2.
초가집도 없애고 마을길도 넓히고
푸른 동산 만들어 알뜰살뜰 다듬세
살기 좋은 내 마을 우리 힘으로 만드세

3.
서로 서로 도와서 땀 흘려서 일하고
소득증대 힘써서 부자마을 만드세
살기 좋은 내 마을 우리 힘으로 만드세

다음은 <잘 살아보세>라는 노래를 들어보자

1.
잘 살아보세 잘 살아보세 우리도 한번 잘 살아보세
금수나강산 어여쁜 나라 한마음으로 가꿔가며
알뜰한 살림 재미도 절로 부귀영화 우리 것이다
잘 살아보세 잘 살아보세 우리도 한번 잘 살아보세
잘살아보세

2.
일을 해보세 일을 해보세 우리도 한번 일을 해보세
태양너머에 잘 사는 나라 하루아침에 이루어졌나
티끌도 모아 태산이라면 우리의 피땀 아낄까보냐
일을 해보세 일을 해보세 우리도 한번 일을 해보세
일을 해보세

3.
뛰어가 보세 뛰어가 보세 우리도 한번 뛰어가 보세
굳게 닫혔던 나라의 창문 세계를 향해 활짝 열어
좋은 일일랑 모조리 배워 뒤질까보냐 뛰어가 보세
뛰어가 보세 뛰어가 보세 우리도 한번 뛰어가 보세
뛰어가 보세

1972년대 전국각지의 마을 마을마다 새마을 운동이 파급되었다. 새로운 바람이다. 각 기관에서 격려가 격하다.

우금1리 마치미에는 을사년에 가물도 대단했지만 폭우가 쏟아져 앞개울과 큰 개울이 통쳐져 돌밭이 되어 물을 건너기가 어려웠다. 우리도 집에 물이 들어오려고 해서 물 건너 용복이네 밭을 절반을 사서 위에는 용복이네가 집을 지어 이사하고 우리는 아래에다 집을 짓고 이사해서 채마밭을 일구게 되었다.

그래서 교량, 즉 경운기와 자동차가 갈 수 있게 견고하게 다리를 놓으라고 철근과 시멘트 500포가 나왔다. 사업비는 없단다.

부락에서 자력으로 하는 게 새마을 ₩사업이란다.

부락총회에서 이장과 새마을지도자, 각 반장들이 사표를 내고 동네일을 그만 둔단다.

마을에서는 서울 가서 공부한 아무개 농촌지도자연합회장 하는 아무개 부쩍부쩍 부자돼가는 이강규가 이장, 새마을지도자가 돼봐야 한단다. 안한다고 할 수도 없다. 결국 이장, 새마을지도자를 겸해서 수락하였다.

걱정이다. 다리 건설하는 기술도 문제고 마을 공동기금이라고는 한 푼도 없는데 무슨 돈으로 교량을 구축한단 말이냐.

저녁마다 설계도를 그려본다. 그리고 지우고 다시 그리고, 교량 길이는 20m, 폭은 6m, 비아 4개, 높이 3m, 날개벽은 양쪽, 하천제방은 나중이고 다리만 덩그렇게 만들기다.

사업비는 앞개울 큰개울 할 것 없이 큰돌 자갈을 추려 내면 콘크리트 하는 모래는 무진장이다.

부락회의를 소집했다. 설계도를 공개했다.

술렁거린다. 추념 돈을 많이 내야 할 테니 반대하고 보자. 모두 반대다. 다리를 놓으려면 웅개골 도랑에나 놓고 말란다.

나는 방법을 제시했다.

"부락민들은 돈은 한 푼도 내라하지 않겠습니다. 집집마다 나와서 큰

돌 따로, 자갈 따로, 모래 따로 한 차씩만 모아 놓으시면 그것을 팔아 목마를 때 막걸리 마시며 시장할 때 국수 먹도록 하며 공사하겠습니다. 대신 자갈을 모으지 않은 댁은 돈을 내야만 합니다. 내일부터 일을 나오십시오.

반장으로 이용제, 이상국, 이태규, 이완순 4개 반의 반장을 뽑고 회의는 끝났다. 다음날 조반 먹고 일찍이 좋은 자리 잡으려고 70세대 모두가 식구대로 나와서 자갈더미를 이룬다. 옆에는 큰 돌무더기와 자갈더미가 생긴다.

우선 약속을 했으니 막걸리와 국수부터 내 돈으로 사왔다.

그리고 큰 돌 자갈 모래를 팔아야 하겠다. 포천군 새마을과를 찾아가 사정을 얘기하고 협조를 의뢰했다. 다음 날부터 덤프차가 드나든다. 여러 곳의 공사장, 여러 곳의 레미콘 공장에서 덤프트럭이 들어온다. 큰돌을 사러 오는 차, 자갈을 사러 오는 차, 모래를 사러 오는 차들이 줄을 잇는다. 포클레인이 없으니 큰 돌은 손으로 자갈과 모래는 삽으로 싣는다. 돌 값, 자갈 값, 모래 값과 상차비도 내주고 간다.

이렇게 자금을 마련했다.

비아가 4개, 4개 반에서 기초 구덩이를 판다. 콘크리트를 하려면 판넬이 많이 필요하다.

서울 돈암동에 가서 건축업을 하는 가산리 사람이 있단다. 돈암동 사는 이용재를 통하여 판넬 한 차를 빌려왔다. 고향 돕기로 무상이다.

기초 콘크리트를 철근을 넣으며 만들고 비아를 철근을 엮어 세우고 콘크리트를 하여 굳으니 이제는 상판 공사다.

판넬을 깔고 철근을 십자로 바둑판을 만들어 고이고 콘크리트를 하고 도두메를 하고 날개벽을 하고 난간을 세우고 <마치미교>라고 양쪽에

명칭을 넣었다.

준공식을 한다. 부락민들의 수고를 치하하고 우리는 더욱 힘써 잘사는 마을을 만들어야 한다고 강조한다.

거푸집 판넬을 싣고 봄볕에 타서 검은 얼굴에 새마을모자를 쓰고 서울로 간다. 축석 검문소에 다다르니 검문 경찰이 경례를 부치며 "수고하셨습니다."한다. 기분이 좋아진다.

성공사례를 발표한다. 군청에서 공무원들에게 영중면과 내촌면에서 발표했다.

두 번째, 2차로 도로확장 사업이다.

"도로 확장하게 땅 좀 내놓으시오."

요즘 같으면 씨도 안 먹힐 소리다. 마을에 들어오는 진입로를 넓힌다. 마을 어느 집이나 경운기나 차가 들어 갈 수 있게 줄을 띄우며 길을 닦았다. 포천군청의 1,200만원이 나와 그 도움으로 불정산 올라가는 길과 우금2리 가는 길을 닦았다.

세 번째, 3차로 퇴비증산과 지붕개량이다.

동네의 기와집은 조석구 씨네 한 집뿐 모두 초가집인데 지붕개량을 어찌하나? 퇴비증산과 초가집개량을 연계시켜 보자.

그리고 또 퇴비증산으로 상금을 타서 비용으로 쓰자.

주민들을 설득한다. 주민들은 뭐가 뭔지는 몰라도 교량이나 길 넓힘도 잘 되었으니 하라는 대로 따라보자 하는 것이다.

경찰서에서 사이렌을 바꾸게 되어 비상시 부락민을 모이게 하기 위해 헌 것을 얻어다 달았다.

조반 전 날이 밝자, 주민들이 지게와 낫을 들고 나온다. 마을 안에서 한 짐씩 베어 집으로 가져간다. 마을도 깨끗해진다.

조반 후에 또 지게를 지고 사이렌소리에 맞춰 다 모인다. 우리 종중산 불정산이 99골짜기가 아닌가? 차례차례 풀을 깎아 모은다. 마을 담당 공무원이 차를 끌고 막걸리를 몇 통씩 사온다.

면에서도 일 잘하는 우금1리를 적극 지원하는 것이다. 마을부녀회에서는 밥과 반찬을 해줘서 담당공무원 김진완이 차로 실어온다. 김진완은 국기게양대를 세 개를 사비로 만들어 회관 앞에 나란히 세워 태극기와 새마을기를 세워 지원을 아끼지 않는다.

산에서 풀을 베어 한 차가 되면 한 짐씩 돌아가면서 실어다 준다.

김진완 씨는 신이 났다. 면에서도 특근으로 파견하여 우리 집 사랑방에서 자며 우리 식구와 같이 밥을 먹으며 한 달을 지낸다.

풀베기 한 달, 이슬과 장맛비로 발새가 뭉크러진다. 김진완이 어디가서 사오는지 약을 바르면 금방 꾸덕꾸덕 낫는다.(문등병 촌에서 피부병약을 사왔다고 했다.)

집집마다 퇴비장을 가로 세로 똑같이 만든다. 집에서 벤 풀과 산에서 실어온 풀이 잘 썩는다.

이제는 뒤집어 쌓기다. 나이 많은 이용춘 씨, 이용현 씨와 이동순이가 앞장선다. 지붕에 올라가 집으로 역었던 영을 걷어 내려 퇴비장에 썩어쌓고 물을 뿌리고 비닐로 덮어놓는다. 농협에 가서 융자를 받아다 기와로 보령의 돌기와, 또는 슬레이트로 각 집에서 원하는 대로 지붕을 개량했다. 얼마 후 경기도청에서 심사를 나왔다.

가로 세로 높이를 측정했다. 경기도청에서 수상을 하러 오란다. 포천군에서는 물론 1등이지만 양평군이 일등이란다. 쌓여 있는 것은 재서 1등이 틀림없지만 양평군은 군트럭을 지원받아 여러 부락의 퇴비를 한마을에 쌓았던 것이란다. 상금은 2등이지만 새마을운동 전제의 성공사례를 우리 부락의 내가 경기도청에서 발표를 하고 양평군청에도 가서 발표를 했다. 푸짐한 식사를 대접받고 고량주도 마시고 왔다.

상금은 타다가 공동답(共同畓)을 마련해서 해마다 마을 소득이 있게 했다. 나는 틈틈이 포천군청과 영중과 내촌의 마을 및 각 면 예비군교육장에서 새마을성공사례를 발표하며 다녔다.

네 번째, 전기 가설

전기가 없었다. TV 냉장고는 물론 없다. 그을음 나는 기름등잔불 밑에서 살고 특별할 때는 촛불을 켠다.

오치성 내무장관이 일차적으로 포천에서 가산면소재지 까지 끌어온 후 다시 내촌면까지 송전하는 쾌거가 있었다. 우금 1리 마치동에도 집집마다 전기가 들어오게 되었다.

나는 형광등 부품들을 의정부에서 사다가 전기 가설하는 전공을 시켜 조립해서 방에다 달게 했다. 비용이 절감됐다. 내촌면 삼거리에서 점등식을 하고 동네에 오니 전등불 켠 집이 몇 없다. 다니며 사용법을 일러주고 집에 왔다. 대문이 닫혀서 사랑방을 더듬더듬 거쳐 안마당을 지나 마루에 불을 켜고 방에도 불을 켰다. 아주 밝아 좋다. 개미 기어가는 것도 보인다. 아차, 나는 사랑방을 더듬더듬 온 것을 생각했다. 거기서는 왜 불을 킬 생각을 못 했나. 쓴 웃음을 웃었다. 내가 KBS 아침마당에 출연했던 것을 중계방송한단다.

동네 이상룡 군이 월남전에 갔다 오면서 텔레비전을 사온 것이 있단다. 마당에 멍석들을 펴고 동네가 다 모여서 TV를 관전했다.

수동펌프에는 자동모터가 앉혀지고, TV냉장고가 들어오고, 논에는 타레박이 없어지고 양수기가 돌아간다.

새마을운동은 이렇게 잘 사는 마을들이 되었고 가산면에서는 새마을 지도자협의회를 구성하게 되어 내가 협의회장이 되어 또 활동을 한다. 먼저 도로변의 마을의 버스승강장을 도로를 높이 새마을호를 달고 방축리와 정교리가는 삼거리에 박일용, 구동구, 이강휘, 신영원, 김호,연 이홍우, 조오행, 원유문, 이용근, 신영범 등 지도자님들이 경북중학교에 장학금도 50만원씩 내고, 내가 450만원을 내어 큰 높이로 "잘 살아 보세!"라는 석조물을 세웠다. 남는 돈과 구호품으로 쌀 40포대, 라면 50상자 양말 의류 등을 농협차에 싣고 양양지구 수해지역을 방문하기도 했다.

양식계장

우리 마을의 새마을운동 특색은 부존자원을 활용하는 것 아닌가? 40,000평의 저수지가 앞에 있으니 이것이야 말로 좋은 자원이 아니겠는가? 저수지는 해방직후 기공하였으나 6.25동란 수복 후에 시작되었다. 소위 말하는 밀가루 공사다. 동무뿌리와 개울을 건너 작은 뫼를 연결하는 공사다. 이 소식을 듣고 대대울 진사댁 성기훈 할아버지는 '잔잔한 물 위에 청둥오리 놀겠구나'하는 내용의 한시를 지어주시며 정사각형을 칠등분하여 그 조각으로 각종 모양을 만들어 내는 칠교도를 선물하기도 하셨다.

사방에서 일꾼들이 모여들었지만 그중에는 반공포로 강중필, 김석영, 박병춘, 허창룡 등도 와서 밀가루를 타서 먹고 우금리에 정착했다.

마을 절반이 수몰되게 되어 윗벌로 이주하게 되고 포천, 운천, 서울 등지로 이사하는 변도 있었다.

어느 날 밤인가? 고등학교 시절, 집에서 자다가 아버지가 깨워서 일어나 보니 토지매매 계약서를 쓰라 하신다. 포천으로 이사 가는 이상옥이네가 산중턱 비탈 밭 500평을 판다는 것이다. 우리 집 집터와 식당 그리고 우리 부모님 묘소가 안치된 곳이다.

계약서 용지가 있는 것도 아니고 백지에 조목조목 진땀을 빼며 계약서를 쓰고 계약금을 주었다.

저수지는 완공되고 만수로 채워져 가산면 말뫼벌, 듬뱅이 딸기밭이 옥토의 논벌이 되었다.

저수지는 증설도 되고 준설공사도 되었다. 많은 물을 담게 되었다. 나는 양식계장이 되어 영부인 육영수 여사로부터 잉어의 치어 30,000마리를 하사받아 저수지에 풀고 청평에 있는 내수면연구소에 교육을 받으러 갔다. 잉어도 먹어보고 사료도 주어보고 붙잡아본다. 잉어새끼가 커감에 따라 부락민들을 교대로 지킨다.

드디어 3년이 되어 낚시터를 개장했다. 고기는 사료는 안 주었어도 새우 등을 잡아먹고 컸지만 떡밥으로 유인하니 견디겠는가? 낚시를 넣기만 하면 나온다. 어느 회사 사장은 집에 가지 않고 낚시터에서 결재한다. 낚시요금은 30,000환이다. 수금원 이용춘은 신이 나서 걷어온다. 마을의 기금이 늘어간다.

산림계장

산림계는 법정리 별로 구성되어 우금1리 마치동과 우림2리 괴화동을 합쳐서 우금산림계장이라 한다. 해방 지나 6.25동란을 지나고 나니 앞산 뒷산 어디나 나무가 베어져 벌거숭이 민둥산이 되었던 것이다. 산이 황폐되어 사방사업을 해야 되고 나무를 식목하여 길러야만 되었다. 사방사업은 정부에서 해야 되고 식목은 우금 1,2리 주민 남녀노소 가리지 않고 나온다. 묘목은 산림조합에서 나오고 산이 종중산이니만치 비용은 종중에서 받아쓰면서 산에 새끼줄을 띄면서 잘 심는다.

나오신 노인들은 산에서 위험하다. 산 아래 개울물에서 고기를 잡으시게 한다. 가재가 아주 많다. 개구리를 잡아 물에 담그면 사방에서 기어 나온다. 물고기를 잡는다. 송사리, 피라미, 빠가사리, 메기 등이 잡힌다. 할머니가 털래기국수를 끓인다. 막걸리와 함께 두어 그릇 먹는다. 일하면서도 힘든 줄 모르고 즐겁게 한다.

사방사업지역은 오리나무와 아카시아를 심었다. 그 외 지역은 연료림으로 리기다소나무를 심고 유실수로 잣나무를 심으며 경제림으로 은사시 나무를 심었다. 심기만 해서 되는 것이 아니다. 구상으로 된 비료를 나무 옆에 묻어준다. 나무들은 무럭무럭 잘도 큰다. 가지치기도 하고 간벌도 한다. 산은 푸른 산으로 좋은 공기 만들어주며 살아났다.

영광의 그날

새마을운동으로 마을이 달라지고 퇴비증산 운동으로 농촌이 달라졌다. 몇 됫박씩 나누어 쓰던 비료도 필요대로 마음껏 살 수 있게 되었다.

KBS, MBC 아침프로에도 몇 번 나왔다. 경기도새마을지도자 모임에서는 민속촌에 가서 특별연예프로도 만들어 방송했다. 성공사례 발표를 다닌다. 각 마을 영평, 소학리, 송우리, 수원, 양평, 예비군교육장에 가서 연설한다. 촌놈이 영광이다.

고향에 내려와 남의 땅도 해보고, 화전밭도 일구며, 닭의 사료를 만들어 양계를 하다가, 젖소를 길러 목장하면서 가산면낙우회장, 농촌지도자, 새마을지도자협의회장을 했다. 공부하다 판 땅도 복구하고 더 많은 논과 밭도 늘렸다.

가산면의 이임주가 왔다. 경기도청에서 『사랑의 돌밭길』이란 책을 만들어 경기도 전체의 각 마을에 주어 나를 소개했다.

가산면의 면장님이 왔다. 대통령 취임식에 참석해야 한단다. 코발트색 양복 한 벌 얻어 입고 면에서 군청에 가니 군에서 수원호텔로 데려다 준다. 도청 직원이 조반을 먹으러 가잔다. 아침 빈 거리에 사이렌 울리며 간다. 조반을 먹고 경찰차의 에스코트를 받으며 도청차로 서울 잠실 올림픽경기장의 대통령 취임식장에 갔다.

1,500번의 명찰을 받았다. 내가 전국에서 이런 서열이 되었는가. 국회가 해산되고 국보위가 결성된다. 국호의 전초전이다. 새마을지도자로 직능별 위원에 추천한다. 비례대표다. 곧 금배지의 국회의원이 되라는 것이다. 촌놈에게 다시 없을 영광이다. 그러나 나는 수락을 하지 않고 용인군지도자가 되었다.

집에 손님이 왔다. 역사편찬회 위원들이다. 『대한민국 5000년사에 한국인물사』로 874쪽에 수록하여 주었다. 중앙일보사에서도 찾아왔다. 창사 30주년 기념으로 발행『한국을 움직이는 인물들』에 엘리트 1489쪽에 수록되었고 1989년 발행 『서울 올림픽 인사총람』에 올림픽 추진 협의회 대의원으로 605쪽에 실어주었다.

제3편.
사업가(事業家)

자네는 농사는 못하네!

내가 경영하는 우일목장! 건물 안에는 시멘트로 콘크리트가 쳐져 있지만 소들의 운동장은 흙바닥에 똥을 누고 밟아대니 비가 오면 진쿠렁에 부제병이 우려된다. 운동장도 마저 콘크리트하자. 하송우리에 있는 레미콘 공장에 오토바이로 가서 주문을 하고 온다.

가산면 말뫼를 지나오자니 보건소 골목에서 가스 배달하는 차가 급히 후진하여 나오는 통에 오른쪽 무릎을 부딪치고 쓰러졌다. 119차가 의정부 신천병원에 갔더니 임시치료만 해주고 서울로 가란다. 결국 서울대학병원 성상철 과장에게 수술을 받고 물리치료를 받는다. 무릎굽혀펴기 걷기 등이다. 퇴원을 앞두고 최종진단이다.

"자네는 농사는 못하네. 무릎이 더 구부러지지 않으니 말일세!"

논이 10,000평, 밭이 3,000평인 내게는 사형선고와 같은 말씀이다. 집에 와서 트랙터에 올라가 보니 안 되겠다. 무리를 해서 구부려 봤더니 종짓굽이 마늘쪽처럼 갈라졌다. 나는 강병원에 가서 쇠를 감았다. 지금도 무릎에 쇠를 감은 채 그대로 지낸다. 성과장님 말씀이 맞는구나.

논밭을 팔기로 하고 내놓았다. 농기계도 팔았다.

세형물산 상임이사

목발을 지겹게 집다가 지팡이 둘을 집고 어린아이가 길 때처럼 네 발로 걷게 되었다. 갈 데 가지도 못하고 일 못하니, 놀러 가고 속상해 술 마시러 다닌다. 어쩌다 내촌, 광릉, 장현에도 간다.

어느 술집에 들어가니 어느 젊은 사장이 직원들을 데리고 와서 회식을 하는 모양이다. 부러웠다.

"나도 일 좀 할 수 없겠소. 앉아서 손으로 하는 일이면."

부탁해 보았다. 허허, 웃으며 헤어졌다. 웬 별말씀을! 다음 다방에서 사장을 또 만났다.

'영어를 아느냐?' 묻고 그렇다고 대합하니.

"내 공장에 필리핀 외국인이 열 명인데 관리해 주시오."라고 한다. 그리하여 세형물산 상임이사가 되어 공장 산업전사로 생산관리 납품 관리 월급관리 등을 한다.

은광산업 창업

세형물산 사장이 서울 사무실로 올라오라는 것이다. 세형물산은 종이를 A4용지로 잘라서 매출도 하고 큰 롤을 공장에 납품도 하는 곳인데 어쩌다 부도를 내어 문을 닫아야 하겠단다.

납품처 중에 김언범이라는 사람이 금은지를 만드는데 기술도 있고 기계도 있고 직공도 있으나 자본이 없어 외상구매를 했는데 내가 못 대어주니 맡아서 해보라는 것이다.

1992년 7월 2일 은광산업 창시일이다.

포천군 가산면 금현1리 너베기 김학수 씨 창고 40평을 임대하였다. 기계를 옮기고 직원 네 명과 함께 금은지를 생산하여 판매처에 가져간다. 선금 다가 쓴 것 있어서 대금을 못준단다. 기계 제작자가 찾아왔다. 계약금만 주고 본금을 안줘서 기계 값을 받으러 왔다.

김원범에게 물었다.

"어떻게 하겠는가?"

"나는 깨끗이 물러날 테니 직원들이나 먹여 주십시오."

할 수 없이 기계 값을 물어주어 내 기계로 만들고 공항동 박응철 사장의 소개로 흥일양행에 근무하는 이성구 씨를 영입하고 제품을 만들어 공장을 돌렸다. 이성구씨는 몇십 년 된 지금까지도 근무한다.

일 년이 지났다. 내 땅이 있으니 내 땅에 내 공장을 짓고 싶다.

임야이기 때문에 도청까지 가서 공장건축 허가를 득했다.

건축비가 모자란다. 은행융자가 어려워 광명시 상호신용금고에서 1억 5천만 원을 빌렸다. 60평짜리 건물 두 동과 사무실을 지었다.

한 동은 세를 주어 이자를 갚으려 함이다. 가산면 메나리패가 와서 고사를 진행해주었다.

내 땅, 내 공장, 내 일꾼들을 데리고 생산하니 할만하다. 서울 성수동 인쇄단지에 팔고 대구에 이상화 인쇄공장에 판다. 부산 장미동 인쇄단지에 나간다. 전북 익산에 우리 패키지 공장에 나간다. 이렇게 서울과 지방에까지 확산되니 상호신용금고 돈도 갚고 여축이 생긴다.

은광판지포장(주)

시화공단에 큰골판지 공장을 견학한다. 삼보판지, 태림판지, 판지공장의 규모가 엄청나다. 기계 한 부분이 몇십 억이란다. 용인에 조그만 공장을 찾아보았다. 골판지는 골 때리는 것이니 하지 말라는 것이다.

금은지는 특수지이고 골판지는 박스가 대중화되다 보니까 그 소비가 부지기수다. 그래서 나는 금은지는 그대로 하면서 골판지를 생산하려 한다. 골판지 합지기 라인을 대구 이영우 사장에게서 갖다가 설치하도록 하고 중국 산동성에서 골판지를 생산하던 박무웅 씨를 채용하여 A골, B골, E골, 여기에 AB골, BE골 등 다섯 가지 골판지를 생산하며 전남 보성에 가서 박스 가다 뽑는 기계를 사다가 이춘엽을 채용하여 박스를 제작하니 제1공장은 금은지공장, 제2공장은 골판지공장, 제3공장은 박스공장으로 한 군데 모여 있으며 2001년 2월 27일 보통주 8만주 자본총액 4억으로 <은광판지포장주식회사>로 등기하고 2005년 10월 30일에는 금은지 골판지 박스 가공뿐만 아니라 가공판매업에서 인터넷 통신판매 서비스업까지 부대사업 추가등기하고 사업 중이다.

명인포장 장원사가 용제판지 상현판지 등에서 외주생산도 한다. 2016년 생산판매액은 117억이다. 150억을 목표하고 있다. 특허청으로부터 <실용신안 등록>, <의장등록>, <상표등록>, <특허증>을 받았으며 노동부장관 한국산업안전공단으로부터 <클린사업장인정서>를 받고 경기지방 중소기업청장으로부터 <경영혁신형 중소기업확인서>를 <ISO 9001 2008 품질경영 시스템 인증서>도 받았다.

그리고 <공장등록> 상황을 보면

회사명 : 은광판지포장(주)

전 화 : 031-544-3761

대표자 성명 : 이용광

법인 등록번호 : 115411-0025851

공장 소재지 : 경기도 포천시 가산면 우금리 280-5번지 외 3필지

지 목 : 공장용지

보유구분 : 자가

공장등록일 : 2002-03-06

사업 시작일 : 2001-02-27

종업원수 : 남 10 녀 5

공장의 업종 : 골판지 및 골판지 상자제조업 외 2종

공장의 업종 분류번호 : 1720,17222,17229

공장부지 면적 : 3,279,00㎡

제조시설 면적 : 718,60㎡

부대시설 면적 : 580,08㎡

증설 승인 등록일 :2010-05-06

회장님! 새 사장님!

7월 2일 창업기념일!

야영단합대회를 간다. 가평군 청평 안전유원지에서 1박2일이다. 금은지, 골판지, 박스, 사무실. 네 파트가 족구도 하고 물놀이도 하고 보물찾기도 하고 재미있게 놀고 왔다.

다른 해는 우금농원에서 또 서운동산 잔디밭에서 또 삼밭골 계곡에서 또 다른 해는 이동면 폭포수 유원지에서 놀고 이동갈비를 먹는다. 이 모두 우리 직원들의 단합이고 생산의 원동력이다.

외국인들은 일요일에 몽골문화원도 데리고 가고 임직각관광도 시킨다. 포천종합운동장에서 열린 각 산업체 운동회에서 1등을 했다. 젊은이가 늙은이보다는 날 것 갔다. 나는 물러나 회장이 되고 아들 이용광을 새 사장님으로 모셨다.

회사는 일취월장하고 유성제과로 지은 건물과 비닐하우스 한 동과 그 사이를 연결하여 창고로 쓴다.

하늘의 도우심인가? 부처님의 도우심인가? 조상님의 도우심인가? 고마울 뿐이다.

제4편.
봉사자(奉仕者)

우금정

시 한 수를 인용하자

<계절은 나를 보고!>

새봄은 나를 보고 새싹처럼 치솟으라 하고
여름은 나를 보고 열정으로 살라하네
가을은 나를 보고 단풍처럼 꿈을 펼치라하네
겨울은 나를 보고 흰눈되어 깨끗하라하네
계절은 철을 따라 친구되어 속삭여 주네

지난여름 저수지 생가터 옆의 밤나무와 느티나무 밑에서

그늘이 좋아서!
물이 좋아서!
바람의 시원함이 좋아서!

오전 중 농사일하고 점심을 먹고 하나둘 모이기 시작하면 10여명 모인다. 더할 나위 없는 쉼터이다. 그러나 바쁜 사람은 가지만 좀 더 쉬는 사람은 햇빛을 피해 그늘을 따라 이리저리 자리를 옮기는 불편함이 있

어서 정자를 지었으면 하는 의견들이다.

누구보다 내 집 앞인 지라 내가 제일 많이 사용할 것도 같다. 하기에 내가 지을 마음이 있어서 목수 이상찬 씨를 불러 그늘에다 걸터앉을 높이를 방부목으로 2~30명을 앉을 만큼 마루를 튼튼하게 만들어 비닐 장판을 덮어 깔았다. 목침을 베고 누어 낮잠을 잔다.

그런데 문제가 생겼다. 비가 온다. 장마가 진다. 농사꾼이란 비가 오면 쉬게 마련인데 쉼터가 소용없이 되었다.

하여 쉼터 마루 옆 축대 위 밭가에다가 삼간정도 집을 짓고 한쪽에는 책을 선반에 올려놓고 긴 상을 몇 개 놓았다. 몇 사람이 협찬을 한다. 이용현이 전기시설과 정수기를 조현구가 작은 냉장고를 금현 4리 직접 그린 큰 그림액자를 정교 2리 이동호가 <德不孤 必有隣(덕불고 필유

린)[1]>이란 글을 써 액자에 담아 왔다. 의정부 윤희순이 두툼한 방석 40개를, 이상찬 씨가 시계를, 석화농원 이사장이 70만원을 들여 올라가는 계단을 만들고 <友琴亭(우금정)>이라 현판을 걸었다.

시 한수 지어 걸었다.

우금정에 올라!

넓은 물속 유유히 노닐던 인어아가씨[2]
무엇이 궁금해서, 철~썩 뛰어 올랐나?
오~호라 우금정에 오른 이도령 보고파 몸짓했구나.

기범 이강규 씀

송우리 서예학원 주봉 선생이 붓으로 써 액자를 만들어 걸었다.

<우금정 준공식>

가산 농협장이 화분을 보내고, KBS 본부장 김창경과 중앙일보 본사에서 큰 화환이 왔다. 가산면에서 탁자로 쓸 수 있는 긴 상 4개를 보내고 방축2리 신복순이 떡을 해왔다. 불일정사 스님이 축사를 하시고 의

---

1) 덕을 베풀면 외롭지 않고 반드시 이웃이 있다.
2) 잉어를 말함

정부 국악학원 정이순 원장이 사물놀이패를 데리고 와서 경연을 벌려 참석하신 여러 축하객과 부락민들을 즐겁게 해주었다.

부락에서는 우금정과 게이트볼장을 건립한 것을 기념해 공덕비에 이름을 넣어주었다.

게이트볼장

내촌면 진목3리 김종안네 집에서 가진 성은동문회 친목회에 갔을 때 일이다. 우 2리 사는 원유문이 같이 갈 데가 있단다.

"어디를 가자느냐?"

가산을 지나 방축1리 화봉산 아래 우청룡 좌백호 바람도 막히는 곳에 밤나무 그늘도 옆에 있고 앞의 사각형 운동장에 게이트도 세군데 중앙에 낮은 말뚝 한 개 .

스틱으로 공을 쳐서 게이트를 통과시킨다. 보는 사람도 즐겁고 치는 사람이야, 그 쾌감이 어떠하랴! 나이도 지긋한 분들이 무리하지 않고 운동을 즐긴다. 정성을 다하여 협동해서 이룩하는 작전이 묘미가 있다.

몇 달 후 원유문이 교통도 불편하고 하니 자기 밭에다 운동장을 만들고 독립하겠다는 것이다. 하면 방축리나 괴화동보다 호수도 많고 인구도 많은 마치동이라고 못할 손 있을까? 얼른 부락총회를 열었다. 힘들지 않고 협동하여 재미있는 운동이 있으니 마치미 쉼터공원에서 게이트볼을 해보자고 결의되어 삼오물품 아가씨에게 물건을 가져오라 하고 운동장에 모였다. 그래도 내가 먼저 해보았으니 회장이 되어 가르쳐주며 같이 즐긴다. 괴화동보다 먼저 개장했다. 좀 연습하니 방축리와 그리고 내촌 마명리와 친선게임을 한다. 좀 더 나아가 포천군 대회에 나아가

우승컵을 받았다. 신나는 일이다.

그런데 비가 오면 운동장이 질어서 며칠씩 못하게 된다.

나보다 먼저 마을이장을 보던 이홍규형 이 "내가 1,000만원을 낼 터이니 회장이 보태서 건물을 지어 전천 후 게이트볼장을 지어보지 않겠나?"

게이트볼을 먼저 끌어온 회장으로서 못한다고 할 수도 없는 노릇이다. 우리 공장과 체육관, 유성제과와 우리 집까지 지은 정순구 사장을 불러 수평으로 평을 잡고 콘크리트를 하여 구장을 만들고 사방으로 복도를 만들고 기둥을 세우고 지붕을 만들어 2,500만원을 들여 포천에서 처음으로 전천후 게이트볼장을 만들었다.

제1회 가산면 농협장배 게이트볼 대회가 열린다. 14개 팀 중 마치미 게이트볼 팀이 우승하여 우승기와 트로피를 탔다.

포천군청에서 실외운동장까지 인조잔디를 깔아주었다.

은광종합체육관

내가 태어난 생가터 옆 은광종합체육관!

동네에서도 이름 있는 <텃논> 아래 윗배미 600평 흙으로 매립한다. 아래에는 체육관 위에는 유성제과, 그 사이에 사무실 겸 살림집과 연못을 만든다. 남들처럼 운동을 할 수 있다면 얼마나 좋을까? 부러울 것이 없겠다. 내가 못하면 남들이라도 하는 것을 보고 젊은이들이 운동하는 것을 보며 마음이라도 좋지 않겠나?

셋째 사위 정택훈은 배드민턴 선수이다. 각종대회에 참석하고 청와대까지 가서 운동하고 왔다. 배드민턴 동호회원 12명은 가산초등학교 부속건물에서 운동을 해오다가 여러 행사가 겹쳐져서 그만두라는 것이다. 이들을 위해 체육관을 지어주리라. 아랫배미를 매립한 곳에 이층으로 건물을 짓는다. 아래층은 탁구대, 스크린 골프, 식당과 쉴 수 있는 방과 뒤로 열린 화장실 몇 개를 만들고 이층을 높게 군부대 허가를 받으며 배드민턴 코트 여섯 개를 만들었다. 호숫가에 덩그렇게 큰 건물을 짓고 운동장도 여러 대가 주차할 수 있게 넓다.

큰 글자로 <은광종합체육관>이라 간판을 붙였다.

동호회원이 40명으로 불어난다. 호숫가에 경치 좋고 공기 좋아 한달에 한 번씩 남양주시와 의정부시 양주 선수들이 와서 친선경기를 한다.

유성제과

윗배미 매립한 곳에 무언가 지어야 했다. 나중에 무엇이 되어도 좋으나 농사짓던 사람, 농촌이니 농산물 가공하여 제품을 만든다고 유성제과라 건축허가 신청하니 얼른 허가가 나왔다.

체육관 지을 때는 이웃이 와서 앞의 물이 안 보인다고 항의를 하더니 이웃이 와서 제과공장을 왜 높이 짓느냐고 항의를 한다.

제고공장은 선반을 매고 원료나 제품을 쌓아놓으면 큰일 나느냐고 해명하면서 크게 지었다.

우금당

사무실 겸 살림집으로 유성제과와 체육관 사이에 집을 지었다.

방을 둘 화장실과 욕실 주방 과 거실에 식탁과 컴퓨터 책상 안마의자가 놓인다. 황토와 나무가 건강에 좋다기에 거실과 천정은 나무로 하고 벽은 황토로 발랐다. 역시 2층으로 지어 세를 주었다.

<입주시>를 써본다.

입주시

잔잔한 호수가 아늑한 곳
태어난 생가터에 쉼터를 만들었네!
앞산 솔솔 바람 뻐꾹 뻐꾹 뻐뻐꾹
노래 소리 실어 오면
산비둘기 날아와 평화로이 집 근처에서 먹고 노닐고
청둥오리 떼 지어 날아와 호수에서 한가로이 머무는데
물안개 피는 호수 위에 철썩 철썩 잉어떼 장단 맞추면
욕심 많은 강태공 더 낚으려 눈 부라리고
오~호라! 체육관 젊은이들 포효하는 기합소리!
삶의 생기 북돋운다.
살어리 살어리랐다.

이 좋은 곳에 나 이제 여기 머무르리로다!

– 고희에 즈음하여 起範 이강규(李鋼奎)

제5편.
공로자(功勞者)

내가 발간한 책

『이런 사람도』

『좌절할 수는 없다』

『병마와의 투병기』 (상) (하) 권

『편지첩』

『무명인의 발자취』

『성서의 인물을 살펴보다』

<사랑의 돌밭길>

<이런 사람도>

<좌절할 수는 없다>

나에 대해 써 있는 책

『사랑의 돌밭길』 ....경기도청 발행

『한국을 움직이는 인물들』 하권 1898P..................중앙일보사 발행

『한국인물사』 874P...대한민국 역사 편찬회

『88서울올림픽 인사총람』 43P.................범민족 올림픽 추진위원회

『시사라이프』.....표지 사진과 <틈새시장으로 불루오션을 점령하다>

『대한민국 성씨 변천사』 1903P....................대한민국 성씨 연구소

현대 인물사

한국을 움직이는 인물들

한국인사명감

서울 올림픽 인사총람

대한민국 성씨 변천사

시사 라이프

역사편찬추천서

성명 : 이 강 규

귀하는 사상과 국가관이 투철하고 성실 근면하며 오늘의 한국을 이끌어 온 주역으로서 공이 크고 타의 모범이 되기에 현대 인물로 추천 합니다.

감수 광복회장 충남대학교 교수 추천인 28명 역사편찬회

추 천 서

귀하는 사상과 국가관이 투철하고 성실
근면하며 오늘의 한국을 이끌어온 주역으
로서 공이크고 타의 모범이 되기에 현대
인물로 추천하나이다

監修

推薦人

歷史編纂會

한국을 움직이는 인물들

은광산업 대표 : 이 강 규(38. 02. 28일생)
경기 포천출신. 관향 아산. 현 은광산업 대표
주소 : 경기도 포천군 가산면 우금리 133
학력 : 숭실고 서울문리사범대 사회생활과 졸업

점진중 교사, 이장, 새마을지도자, 산림계장, 양식계장, 가산면 농촌지도자 연합회장, 가산면 새마을 지도자 협의회장, 가산면 빙그레 낙우회장을 역임하고 우금교회 집사, 유년부장, 세형물산 상임이사, 은광산업 대표이며 책으로 경기도청 발행 <사랑의 돌밭길>이 있으며 배우자 이춘자, 아들 이용광, 자부 정경원, 손자 이승환, 손녀 이다혜가 있으며 큰딸 이천애(조문행), 둘째딸 이명애(홍선기), 셋째딸 이선애(정택훈), 넷째딸 이광옥(오세진)이 있다.

- 2000년 8월 중앙일보사

포천시장 표창장

세계로 열린 행운의 도시

포천 가산면 우금 1리 133(1/3)

귀하께서는 평소 이웃을 사랑하는 마음으로 지역 사회 발전을 위해 헌신·봉사 하셨을 뿐만 아니라, 특히 노인복지 향상에 기여한 공이 크므로 이에 표창합니다.

2007년 3월 16일

포천시장 박윤국

포천시체육회장 포천시장 표창장

포천시 가산면 우금리 133 이 강 규

이강규님께서는 마치미게이트볼 회원으로 남다른 애정과 관심으로 동호인 저변확대에 크게 기여하셨습니다. 앞으로도 하시는 일에 행운이 깃드시길 바라며, 오늘의 수상을 16만 시민 모두의 뜻을 담아 축하드립니다.

2008년 10월 20일

포천시체육회장 포천시장 서 장 원

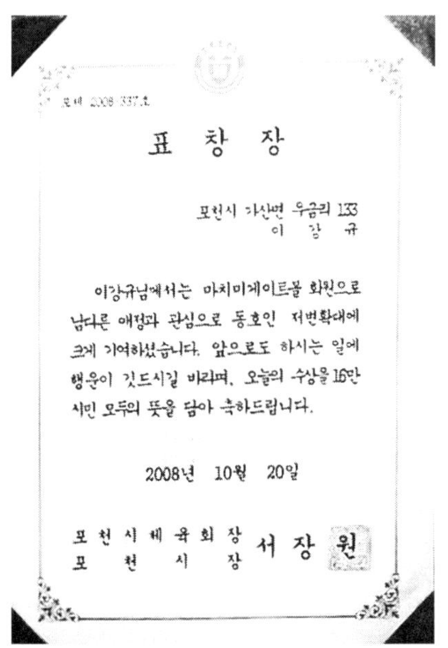

제 2008-337호

표 창 장

포천시 가산면 우금리 133
이 강 규

이강규님께서는 마치미게이트볼 회원으로 남다른 애정과 관심으로 동호인 저변확대에 크게 기여하셨습니다. 앞으로도 하시는 일에 행운이 깃드시길 바라며, 오늘의 수상을 16만 시민 모두의 뜻을 담아 축하드립니다.

2008년 10월 20일

포천시체육회장
포 천 시 장 서 장 원

포천게이트볼협회장 표창장

세계로 열린 행운의 도시

포천 가산면 우금 1리 이강규

귀하께서는 평소 지역사회 발전을 위하여 헌신 봉사하여 오셨을 뿐만 아니라 특히, 게이트볼 활성화와 저변확대에 기여하신 공이 크므로 이에 표창합니다.

2008년 4월 21일

포천시 게이트볼 협회장 오병익

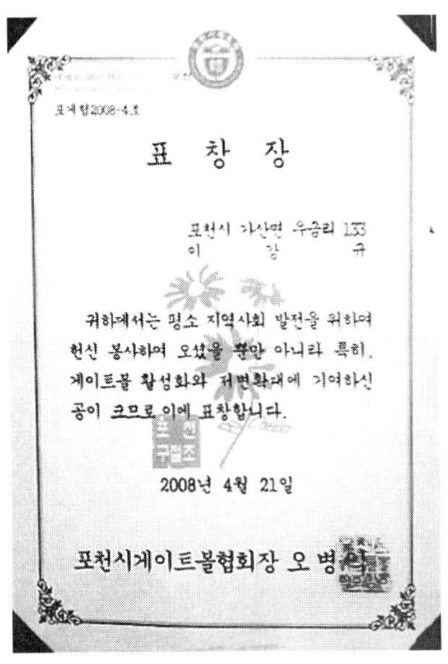

표 창 장

포천시 가산면 우금리 133
이 강 규

귀하께서는 평소 지역사회 발전을 위하여 헌신 봉사하여 오셨을 뿐만 아니라 특히, 게이트볼 활성화와 저변확대에 기여하신 공이 크므로 이에 표창합니다.

2008년 4월 21일

포천시게이트볼협회장 오 병 익

농촌지도자 가산면회 회원일동 감사패

가산면 우금리 이강규

위 분은 농촌지도자 가산면회 초대회장으로 선진농촌 건설의 선도적 역할을 하고 과학영농으로 농가소득 증대와 농촌 근대화에 지도자로써 헌신봉사하여 그 뜻을 높이 찬양하여 감사패를 드립니다.

1991년 2월 일

농촌지도자 가산면회 회원일동

가산면 체육회장
포천시의회 행정자치위원장 감사패

가산면 우금 1리 이 강 규

귀하께서는 평소 투철한 애향심과 사명감으로 지역사회 발전을 위하여 헌신봉사하여 왔을 뿐 아니라 특히 모인들의 여가선용 및 건강증진을 위한 우금리 게이트볼 발전에 기여하신 공이 크므로 이에 감사패를 드립니다.

2007년 5월 1일

가산면 체육회장/ 포천시의회 행정자치 위원장 정 종 근

사단법인 국제격투기연맹 총재 감사패

명예회장 이 강 규

귀하께서는 본 (사) 국제 격투기 연맹의 명예회장으로서 열과성의를 다해 본 (사)국제 격투기 연맹의 발전에 기여한 공이 크므로 그동안의 노고에 감사드리며 그 뜻을 모아 이 패에 담아 드립니다.

2008년 10월 17일

사단법인 국제격투기연맹 총재 조 동 엽

경북중학교장 감사패

제 8110 호

귀하께서는 교육발전이 국가발전의 근본됨을 깊이 인식하시어 본교 환경조성 사업 및 학생교육활동에 물심양면으로 협조해 주신데 대하여 교직원 및 학생일동은 깊이 감사드리며 이를 기리기 위하여 이에 감사패를 드립니다.

1981년 7월 24일 경북중학교장 송 영 진

은광판지포장(주) 임직원 일동 감사패

회장 이 강 규

항상 인자하시고 자상하신 회장님의 은혜에 감사드리오며 은광판지포장(주)를 이끌어 주신 데에 임직원의 감사의 마음을 담아 회장님의 칠순을 계기로 감사패를 올리고자 합니다. 언제나 건강하시어 저희 직원들과 함께 하시기를 기원합니다.

2007년 1월 7일

은광판지포장(주) 임직원 일동

은광배드민턴클럽 회원일동 공로패

은광배드민턴클럽 명예회장 이강규

귀하께서는 평소 희생과 봉사의 정신이 투철하고 은광클럽 배드민턴 발전에 기여한 공이 크므로 그 고마운 뜻을 이 패에 담아 드리며 귀하여 앞날에 무궁한 발전과 영광이 함께하시길 기원드립니다.

2006년 11월 12일

은광배드민턴클럽 회원일동

새마을동지회 회원 일동 공로패

제 2011~02호

은광포장 대표 이강규

귀하께서는 새마을 동지회의 회원으로서 1986년부터 2011년까지 어려운 여건 속에서도 근면 자조 협동은 물론 투철한 국가관과 애향심으로 지역발전은 물론 특히 조형물 건립에 기여하신 공이 지대함으로 새마을 동지회 회원들의 정성을 모아 이패에 담아드립니다.

2011년 2월 28일

새마을동지회 회원 일동

대진대학교 경영대학원장
경기북부상공회의소 공로상

대진대학교 경영대학원 최고경영자과정
은광판지포장 (주) 대표 이 강 규

상기인은 항상 성실한 자세로 기업경영과 사회활동에 전념하여 타의 귀감이 되어 왔으며 본 최고경영자 과정에도 적극 참여하여 본 과정 발전에 기여한 공이 크므로 2001년도 졸업식을 맞이하여 공로상을 드립니다.

2002년 2월 22일

대진대학교 경영대학원장 현 성 민
경기북부상공회의소 회장 정 규 인

새마을운동중앙본부 사무총장 수료증

057272

경기도 이강규

새마을 운동 본부에서 실시한 범민족 올림픽 추진 특별 교육과정을 성실히 이수하였으며, 예의 친절 질서 봉사를 실천하는 선도요원으로서의 자질을 갖추었으므로 이 증서를 드립니다.

1984년 12월 22일

새마을운동중앙본부 사무총장 전 경 환

수 료 증

057272

경 기 도

이 강 규

귀하는 새마을운동중앙본부에서 실시한 범민족올림픽 추진 특별 교육과정을 성실히 이수하였으며, 예의 친절 질서 봉사를 실천하는 선도요원으로서의 자질을 갖추었으므로 이 증서를 드립니다

1984년 12월 22일

새마을운동중앙본부

사무총장 전 경 환

대진대학교 경영대학원장
대진대학교 총장 수료증

(경영 제 27호)

이 강 규 (1938년 2월 28일생)

위 사람은 본 대학교 경영대학원 학칙 47조의 규정에 따라 경영 대학원·경기북부상공회의소 산합협동 프로그램 최고경영자과정 전 과정을 이수하였기에 이 증서를 수여함

2002년 2월 22일

대진대학교 경영대학원장 현 성 민
대진대학교 총 장 홍 기 형

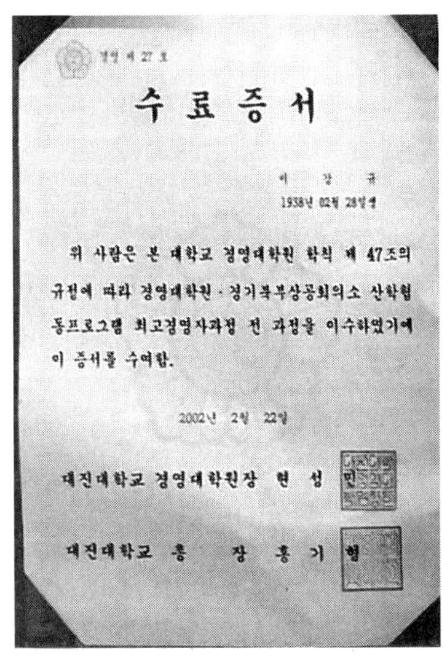

경영 제 27 호

수 료 증 서

이 강 규
1938년 02월 28일생

위 사람은 본 대학교 경영대학원 학칙 제 47조의 규정에 따라 경영대학원 · 경기북부상공회의소 산학협동프로그램 최고경영자과정 전 과정을 이수하였기에 이 증서를 수여함.

2002년 2월 22일

대진대학교 경영대학원장 현 성 민

대진대학교 총 장 홍 기 형

대진대학교 경영대학원장
대진대학교 총장 수료증

성 명 이 강 규

위 사람은 본 대학교 경영대학원 학칙 47조의 규정에 따라 경영 대학원·경기북부상공회의소 산합협동 프로그램 최고경영자과정 전 과정을 이수하였기에 이 증서를 수여함

2002년 2월 22일

대진대학교 경영대학원장 현 성 민
대진대학교 총장 홍 기 형

수 료 증 서

성명 이 강 규

위 사람은 본 대학교 경영대학원 학칙 제47조의 규정에 따라 경영 대학원·경기북부상공회의소 산학협동 프로그램 최고경영자과정 전 과정을 이수하였기에 이 증서를 수여함.

2002년 2월 22일

대진대학교 경영대학원장 현성민

대진대학교 총 장 홍기형

공덕비

새마을운동으로 마치미교를 건설하고 마을안길 넓히기와 초가지붕 없애기는 물론 퇴비증산으로 상금도 타다 공동답을 마련할 뿐 아니라 산에 조림도 하고 저수지를 낚시터로 개장하여 마을이 기초마을에서 자조마을. 자립마을. 우수마을로 만들었을 뿐 아니라 나는 은광판지 포장(주)를 경영하면서 은광종합체육관 그리고 유성제과 공장을 만들고 그 사무실을 살림집을 만들고 부락민을 위해 우금정과 게이트볼장을 만들어 은광타운을 만들었다.

부락에서는 마치미 쉼터 공원에 전천후 게이트볼장을 만든 것을 기리기 위함이라고 부락공덕비를 마치미교와 마을회관 옆에 돌로 세웠다.

제6편.
가족애(家族愛)

가족

아들 : 이용광

며느리 : 정경원

아버지는 1907년 (음) 9월 24일 출생 1994년 (음) 7월 10일 졸

어머님은 1907년 (음) 12월 20일 생 1996년(음) 5월 25일 졸

나는 1937년 정축(음) 9월 23일 태어났고 1955년 12월 7일 결혼

처는 1937년 정축(음) 11월 28일 출생하였으며

아들 이용광은 병오 (음) 3월 17일

자부 정경원은 정미 (음) 10월 3일

손자 이승환은 갑술 (음) 3월 3일

손녀 이다혜는 정축 (음) 1월 21일

큰딸 이천애는 정유 (양) 8월 15일

조문행은 경기도 용인시 수서구 성복동

조민식 조성식

둘째딸 이명애 계묘(음) 7월 23일

홍성기 의정부시 금오동 380-78

셋째딸 이선애 무신 (음) 4월 8일

정택훈 을사 (음) 7월 3일

정혜경 임신 (음) 8월 26일 정민 무인 (음) 4월 5일

정 진 갑신 (음) 3월 18일

막내딸 이광옥 임자 (음) 8월 15일

오세진

영길모

목영복

양천구 목동 428 하이테리온 2차

이종필 이춘봉

김지일 이춘옥

한석진 91903880-5091 의정부시 장암동 현대아파트

윤상례 루시아 요양원 5층에 누워 계시다.

아들 이용광은 가산초등학교 경북중학교를 전교 수석으로 졸업하고 의정부 고등학교를 거처 건국대학교를 졸업했다.

아버님이 포천의료원에 입원하셨을 때 손자인 용광이가 밤에도 낮에도 간병을 한단다.

자부가 된 간호사 정경원은 경복대학교를 졸업하고 포천의료원에 근무하는 간호사였는데 교제하느라고…….

결국 두 사람은 결혼했다. 모두 조상님이 돌보시고 하늘이 맺어주는 인연이겠다.

아들 이용광은 은광판지포장 (주) 대표이사 사장님이 되어 외근을 하고 자부 정경원은 은광판지포장 (주) 총무부장으로 내근으로 동분서주한다. 두 내외는 남매를 두어 손자 승환이는 송우초등학교 전교 어린이 회장을 하고 단국대학에 입학했으며 해병대로 백령도 근무하다 제대하

고 복학생이다. 손녀 다혜는 송우중고등학교에서 장학생이더니 어머님의 영향인지 중앙대학교 간호학과에 입학하고 1학년말 장학금 280만원을 받았다. 신통하다. 눈에 넣어도 아프지 않을 내 손주들!!

조상님 돌봐주셔서 감사합니다. 오~ 하나님 감사합니다.

큰 딸 이천애와 큰 사위 조문행

큰딸 천애는 호가 '덕정'이다. 서예학원에서 붓글씨를 잘 써서 동아일보사 전시장에 전시하면서 받은 호이다. 정유년 음력 8월 보름날 태어나 할머니 공양을 잘 받았는지 키도 크고 성격도 시원시원하다. 저 놈이 아들이었으면 싶다.

가산국민학교를 졸업하고 경북중학교와 포천여고를 졸업하고 풍산금속(주) 서울 본사에 근무하게 되었다.

조문행 부모님은 마산 2리 뒷들 동네에 사셨는데 그 동네 이상학 씨는 나와 같이 경북중학교 이사였는데 중학교 건물 밖 소나무 밑에서 쉬다가 중신을 한단다.

일이 성사되려고 경북 안강에 있는 풍산금속 공장에 근무 중이었다. 같은 포천 태생이기도 하고 같은 회사이기도 한 사람들로 교제는 이뤄지고 조문행 어머님도 우리집에 와서 살펴보고 가셨다. 전화로 또는 만나서 교제하다가 결혼하게 되어 슬하에 두 아들을 두어 조민식 군은 영국에 유학하여 각 나라 영국회사에 근무하게 되었으며 조성식군은 성균관 대학을 졸업하고 대학원을 거쳐 박사과정을 밟고 있다. 천애 내외는 어느 딸보다도 자기 부모와 친정부모 및 형제들에게 잘하고 있다.

둘째 딸 이명애와 홍성기

둘째 딸 이명애는 가산초등학교, 경북중학교를 졸업하고 의정부에 경민여자고등학교를 졸업하더니 의정부에 살고 의정부자동차운전전문학원에서 근무하는 홍성기와 결혼했다.

둘째 사위 홍성기는 성격이 강직하고 부모님께 효심이 강하다. 남매를 두었는데 홍준기는 건국대학생인데 군복무도 마쳤으며 딸 홍윤정도 고등학교를 마치고 대학에 들어갔다.

이명애는 금호동 동사무소에 근무하면서 그들은 나를 보러 올 때면 항상 꽃다발을 사가지고 와서 할머니 할아버지 묘소에 헌화한다.

나는 명애를 생각할 때마다 죄책감을 느낀다. 내 자신이 소아마비 환자이면서 그 딸을 지체부자유자로 만들었으니 말이다.

셋째 딸 이선애와 정택훈

셋째 딸 이선애는 가산초등학교 경북중학교를 졸업 후 고등학교를 거쳐 유한전문대학을 졸업했다. LIG생명보험회사에 근무하며 전번 어버이 날엔 꽃다발과 케익을 가져오며 내 옷도 한 벌 사왔다. "비싸지?"하니까 웃음으로 답한다. 그리고 요양보호사 자격도 있어 내 요양사이다.

내가 늙어 차를 버리고 운전대를 놓으니 친목회나 병원에 데려다주고 농협이나 은행일도 아주 맡아 대신한다.

셋째사위 정택훈은 일동면에서 태어났으며 선애와 결혼하고 자동차 매매상사도 했으며 배드민턴 선수이다.

이들에게 은광종합체육관을 지어 주니 두 내외가 같이 가까운데서 살림하면서 체육관 관장으로 동호인들을 이끌며 포천군 대표선수로 각 지방의 대회에 나가 좋은 성적을 올린다.

정택훈은 소나무들을 길러 판매하며 자동차수리 각종기계들을 고치며 지게차 포클레인을 갖추고 각종 일을 한다.

이들 내외는 자식을 셋 두었는데 첫째 정혜경은 송우고등학교 수석을 하더니 국비생으로 국립대학 부산대학교를 나왔으며 둘째 정민은 아빠의 영향을 받아 포천여고에서 배드민턴 선수로 기숙사 생활을 하면서 각 지방 대회를 다니더니 장학생으로 진주대학교에 재학 중이며 대학선수로 활약 중이다.

셋째 딸 정진은 귀염둥이로 초등학교 때부터 달리기와 자전거를 잘 타며 경북중학교 재학생이다.

막내딸 이광옥이와 오세진

막내딸 이광옥은 가산국민학교와 경북중학교를 고등학교를 졸업하고 취업하면서 방송통신대학을 졸업하여 일본어에 능통하더니 일본 무역회사에 다니다가 지금은 워커힐 매장에 근무한다.

오세진은 외국인들 관광 가이드로 일하며 사진전문기사이다.

이 둘은 내 집에 오면 감자 캐 나는 등 열심을 다 하지만 내가 해물을 좋아하는 것을 알아 큰 가재 가리비 전복 소라 문어 빙어 소고기 전병 과자 등을 사오기에 늘 잘 먹는다.

그러나 나는 명애와 광옥이에게 늘 미안한 마음이다.

누님 윤상례와 한석진

무남독녀란 말이 있지만 나는 무녀 독남으로 커왔고 외아들로 살아왔다. 그런데 의남매가 되신 누님 윤상례는 황해도 장단에서 남부럽지 않게 살아오시고 결혼하셨는데, 그 남편이 국방군에 입대하여 전투하시다 전사하셨다.

그러나 다행히 뱃속에 유복자 한석진이 있었다. 시어머니는 며느리 윤상례와 핏덩이 한석진을 데리고 자기 언니가 사는 대대울에 와서 살게 되었다. 어렵기도 하고 외롭기도 한 시어머니는 아버지가 대대울본에서 일하시는 것을 보고 넉넉히 지내기도 하지만 외아들 하나 키우느라 괴롭다는 것을 알았다.

어느 날 시어머니는 며느리를 데리고 마치미에 오셨다. 강규와 윤상례를 남매 맺어 주자고.

어머니는 환영하셨다. 외롭던 차에 배도 안 아프고 딸을 얻으니 말이다. 외아들인 나는 누님을 맞으니 아주 즐겁습니다. 양쪽 집은 서로의지하며 잘 살게 되었습니다.

한석진은 효자입니다. 현재 한석진은 의정부 장암동 현대 아파트에 살고 있으며 대대울에 논과 밭을 싣다가 매립하여 공장을 짓고 세를 받습니다.

윤상례 누님은 우리 부모님 제사 때만 쇠고기 적감과 백화수복을 사오시고 우리부부 생일 때만 우황청심원과 박카스를 사가지고 늘 오시며 "이것 조금이야"하며 용돈을 주신다. 어느 해 정월인가 떡가래를 썰어 택배로 보내 오셨다. 친남매보다도 끈끈한 인연이다. 그런데 현재는 늙어 의정부 루시아 요양원에 누워 계신다. 우리 부부나 자식들은 가끔 찾아간다. 아들 석진은 서원동산에 장지를 마련했단다.

내 아내 이춘자

동두천 광암리 턱거리의 부잣집 딸로 자라 병신과 결혼해서 시부모 모시고 수발들면서 여기저기 세대기 밭에 농사를 짓고 비닐하우스와 소나무 캔 데까지 모두 심고 가꾸고 거둔다.

고추, 오이, 참외, 수박, 가지, 호박, 완두콩, 콩, 율무, 녹두, 팥, 토마토, 토란, 아욱, 상추, 호파, 쪽파, 부추, 배추, 무, 총각무, 갓, 갓무, 달래, 마늘, 미나리, 사철딸기, 고구마, 감자, 참나물 등 여러 가지 작물을 재배한다.

누구 하나 도와주는 사람도 없이 손이 모자라 쩔쩔매는 내 아내여!

송구하여 못 보겠소. 내가 일어서지도 못하고 걷지도 못하니 안타깝기만 하구려.

그 와중에 병든 남편 돌보는데 무엇을 입힐까, 무엇을 먹게 할까. 목욕은 어찌하나. 땀 흘리며 애 쓰는 그 은혜 살아서는 갚지 못해도 후세라도 잊지 않으리다.

당신만은 남은 인생 아프지 말고 건강하며 마음 달래 속 덜 썩히고 오래 잘 살아가길 바라오.

사랑하오, 내 아내 춘자씨! 나의 반쪽, 나의 반려자!

오~~ 마이 다아알링!

큰 동서 목명근과 큰처형

큰 동서 목명근 그는 키도 크고 호남형에 장구도 잘 치고 소리도 잘한다. 놀이판에서 그 어느 누구도 단연 타의추종을 불허한다. 철도공무원으로 오랫동안 근무하고 직장을 은퇴하시고 환갑을 잡숫고 타계하셨으니 안타깝다.

처형은 자혜로우시고 동생들을 좋아하신다. 여행도 함께하시고 모일 때마다 참석하시어 게임도 함께 즐기신다. 팔십이 넘으신 지금도 근력이 좋으시며 교회도 나가시고 가끔 전화를 하신다.

슬하에는 아들 목영길은 대우그룹 중견 사원이고 딸 목영옥은 결혼하여 마산에서 살며 막내딸 목영복은 목동에서 건설회사 사람과 결혼하여 목동에서 살면서 초등학교 교사로 어머님을 모시고 산다.

동서 이종필과 처제 이춘봉

처제 이춘봉은 정도 많고 붙임성도 많은 여인으로 동두천 버스기사 이종필과 결혼했다. 이종필은 나보다 한 살 위이지만 나보다 깍듯이 형님이라 한다. 그것이 처갓집 항렬이란 것이다. 어찌됐건 큰 동서가 없으니 내가 만사위 역할을 해야겠다.

처남 이윤상이 아라비아 건축기사로 갈 때도 송아지를 길러 여비를 해주고 처갓집 제사도 다닌다. 동서 이종필은 동두천 버스를 그만하고 서울 행 버스를 운행하다가 일양약품 회사를 운행한 베테랑 운전기사이다.

미아리와 대광리에서도 살았지만 지금은 전곡에 살면서 막내동서 내외를 동승하여 우리 집에 온다. 성격이 깔끔하며 호방하여 돈을 좋은 곳에 쓸 줄 안다.

첫째아들 이형우는 자영업을 하고, 둘째아들 이선우는 고대근처 국민은행의 부지점장이다. 딸 이정소도 결혼하여 중국에 가서도 돈 잘벌고 서울에 와서도 잘 살고 있다.

동서 김지일과 막내처제 이춘옥

막내처제 이춘옥은 착하고 순진하며 가정을 잘 돌보며 교회도 나가고 우리에게 전화도 제일 많이 해주는 처제이다.

막내처제는 김지일과 결혼해서 전곡에서 기차역 가까운 곳 학교 옆에서 살고 있다. 김지일은 체구는 아버지 닮아 작지만 실수 없고 뜻이 깊은 사람이다. 그의 아버지는 일제강점기 때 독립군이셨다. 만주벌판에서 소래 장군 휘하에 말을 달리며 조국의 광복을 위해 싸우시던 분이시다. 막내동서 김지일은 호가 청암이고 글재주가 좋아 <연천문학>지에 늘 게재 된다. 수필은 길으니 시를 써 보자.

하얀 목마 김지일작
오픈한 커피 전문점 하얀목마
원두향에 심취한 카운터
어디서 본 듯한 여인 환하게
웃는 모습이 동화 속 백설공주다.
"이사람 정신 차려 내 자부라네"

막내동서의 아들 김광식 군의 결혼식 때는 주례전문가도 있고 은사도 있으련만 주례를 서 달란다.

나는 대진대학교 경영대학원 졸업여행을 베트남으로 갈 예정이었는데 여행을 포기하고 주례를 설 수 밖에 없었다.

주례를 말하면 첫 번째는 송덕진씨 아들 송병환 군이고 두 번째는 이용민씨 아들 이특순 세 번째는 이용탁씨 아들 이각순에 이어 네 번째로 김지일 아들 김광식이다.

나는 주례사 중간에 이런 예화를 썼던 것으로 안다.

“파랑새 철새가 넓은 바다를 날아서 건널 때 남자 새가 여자 새를 업고 날고 남자 새가 지치면 여자 새가 잠깐 남자를 등에 업고 난다”고 손등에 손을 얹는 시늉을 했던 기억이 있다.

<고해 같은 세상>이라지 않는가? 서로 서로 이해하고 서로 도와가며 검은 머리 파뿌리 되도록 행복하게 살라고 부탁했다. 신랑 김광식 군은 키도 비슷한 여교사를 맞아 결혼하고 삼성그룹 제 1사에 입사하여 부모님께 효도하며 집안을 잘 보살피고 있다.

엊그제도 부모님 모시고 제주도에 있다고 전화가 왔다.

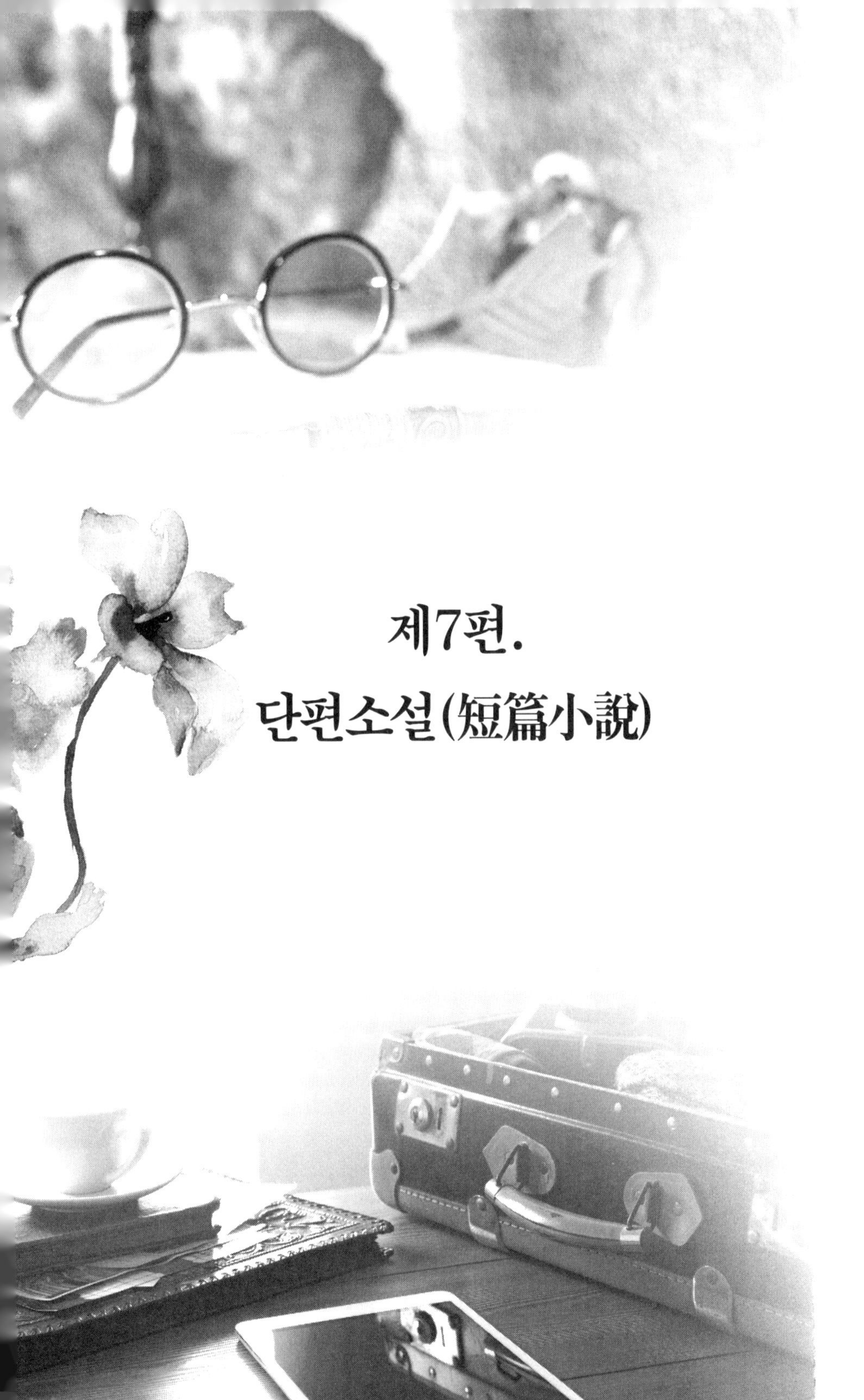

제7편.

단편소설(短篇小說)

섬 색시와 강 선생

- 섬마을 처녀 숙향이와 강상규 선생

먼저 이 소설과 이미지를 같이하는 이미자의 노래 <섬마을 선생님>을 들어보자

1.
해당화 피고 지는 섬 마을에
철새 따라 찾아온 총각 선생님
열아홉 살 섬 색시가 순정을 바쳐
사랑한 그 이름은 총각 선생님
서울에는 가지를 마오 가지를 마오

2.
구름도 쫓겨 가는 섬 마을에
무엇을 하러 왔는가 총각 선생님
그리움이 별처럼 쌓이는 바닷가에
시름을 달래보는 총각 선생님
서울에는 가지를 마오 가지를 마오

숙향이는 북한 황해도 장산곶 개암포에서 해방동이로 태어났다.

"숙향아, 밥을 싸놓았나?"

어머니가 일찍 돌아가셔서 부녀가 사는데 아버지는 새벽에 바다에 나가 배를 몰고 바다에 나가 고기를 잡는 어부이시다.

숙향이는 아직 어려서 서투른 솜씨지만 첫새벽 아버지가 일어나기 전에 아침밥 점심밥까지 도시락을 싸서 준비해 놓는다.

아버지는 배를 몰고 연평도 부근까지 가셔서 꽃게며 조기를 많이 잡고 철따라 다른 고기도 잡아서 이웃끼리도 먹고 정부에 바치게 되고 배급을 타서 먹게 된다.

부유하지는 않지만 그래도 남부럽지 않게 살아간다.

그러나 6.25전쟁은 일어났고 남한을 쳐내려갔던 북한 인민군이 압록강까지 후퇴하는 것을 보면서 남한 사람들의 자유롭게 사는 이야기를 듣게 되었다.

6.25가 3년째 되었을 때 중공군이 압록강을 넘어 쳐들어오게 되자 북한 인민들은 남으로 남으로 피난을 가게 되었다.

"아버지 우리는 피난 안 가요?"

"그래 우리는 북한 장산곶을 버리고 남한의 섬으로 가자."

부녀는 배에 피난봇짐을 싣고 피난을 간 곳이 백령도였다.

백령도는 한국 해병대가 수복한 서해 최북단 섬이다.

숙향이는 초등학교에 입학했다.

"장백산 줄기 줄기……."하고 듣던 노래보다는, "아가야 나오너라 달마중 가자" 또는, "바둑아 바둑아 이리 오너라 나하고 놀자"라는 노래가 좋았다.

얼마나 자유스럽고 마음의 정서에 맞는 노랜가. 그래서 그는 즐겁게 노래를 배운다.

고향의 봄

나의 살던 고향은 꽃피는 산골
복숭아꽃 살구꽃 아기 진달래
울긋불긋 꽃대궐 차리인 동네
그 속에서 놀던 때가 그립습니다

고향 생각

해는 저서 어두운데 찾아오는 사람 없어
밝은 달만 쳐다보니 외롭기 한이 없다
내 동무 어디 두고 나 홀로 앉아서
이 일 저 일을 생각하니 눈물만 흐른다
살던 고향이 생각나서 고향노래를 부른다

반달

푸른 하늘 은하수 하얀 쪽배엔
계수나무 한 나무 토끼 한 마리
돛대도 아니 달고 삿대도 없이
가기도 잘도 간다 서쪽 나라로

즐겁게 부르고 또 새 노래로 배워 나간다.
부전자전이라 했던가? 아버지도 배를 타면 노래를 즐긴다.

몽금포 타령

1.
장산곶 마루에 북소리 나더니
금일도 상봉에 님 만나 보겠네

2.
갈 길은 멀고요 행선은 더디니
늦바람 불라고 성황님 조른다

3.
님도 보고요 술도 마시며
몽금이 개암포 들렸다 가게나

4.
바다에 흰 돛 쌍이 돋으나
외로운 사랑엔 눈물만 겨워라

5.
바람새 좋다고 돛달지 말고요
몽금이 포구에 노다나 가지요

6.
은근히 들리는 애족 소리에
이 내 마음이 서글프구나

에헤요 에헤요 에헤요 서글프구나

숙향이는 백령도 초등학교에서 열심히 공부하여 우등생으로 졸업하고 백령도 중고등학교에 입학하였다.

그동안 사귀었던 친구들과 재미있게 열심히 공부하고 있다.

좋아하는 시도 서로 읊는다

진달래 꽃

나보기가 역겨워 가실 때에는
말없이 고이 보내 드리오리다
영변 약산 진달래꽃
아름 따다 가실 길에 뿌리 오리다
가시는 걸음 놓인 그 꽃을
사뿐히 즈려 밟고 가시옵소서
나 보기가 역겨워 가실 때에는
죽어도 아니 눈물 흘리 오리다.

숙향이가 좋아하는 김소월의 시를 읊으면 친구도 답하여

못잊어

못 잊어 생각이 나겠지요
그런대로 한 세상 지내시구려
사노라면 잊힐 날 있으리라

못 잊어 생각이 나겠지요
그런대로 세월만 가라시구려
못 잊어도 더러는 잊히우리다

소월의 시도 읊고 엣 선현들의 시도 읊는다.

이조 태종 이방원

이런들 어떠하리 저런들 어떠하리
만수산 드렁칡이 얽혀진들 어떠하리
우리도 이같이 하여 백년까지 살으리

친구 용년이도 답하여 읊기를

고려 말 충신 정몽주

이 몸이 죽고 죽어 일백 번 고쳐 죽어
백골이 진토되어 넋이라도 있고 없고
임 향한 일편단심이야 가실 줄이 있으랴

둘이는 방과 후에 시간가는 줄 모르고 즐겨한다.

임진왜란 때 충무공 이순신 장군

한산섬 달 밝은 밤에 술루에 홀로 앉아

긴 칼을 옆에 차고 깊은 시름 하는 차에
어디서 일성호가는 남의 애를 끊나니

남이 장군

백두산 높은 봉을 칼을 갈아 다 없애고
두만강 깊은 물은 말을 먹여 다 없애니
남아 이십에 나라 평정 못 하면
후세에 그 누가 대장부라 일컬으리요

여인들이니 여자의 시도 읊는다.

신 사임당

산 첩첩 내 고향 천리언마는
자나 깨나 꿈속에도 돌아가고파
한송정 가에는 외로이 뜬 달
경포대 앞에는 한 줄기 바람
갈매기는 모래톱에 헤락 모이락
고깃배들 바다 위로 오고 가리니
언제나 강릉 길 다시 밟아 가
색동옷 입고 바느질할고

황진이

동짓달 기나긴 밤을 한 허리를 버혀내어
춘풍 이불 아래 서리서리 넣었다니
어른님 오시는 밤이어들랑 구비구비 펴리라

산은 옛 산이로되 물은 옛 물이 아니로다
주야에 흐르니 옛 물이 있으소냐
인걸도 물과 같아야 가고 아니 오노매라

청산은 내 뜻이요 녹수는 임의 정이
녹수 흘러간들 청산이야 가실손가
녹수도 청산 못 잊어 울며 밤길 예놋다

이렇게 숙향이는 알차게 지식과 재능이 알차게 성숙되어 간다. 얼굴도 점점 예쁘게 피어난다. 처녀티가 피어난다.

고등학교에 진학했다. 백령도에는 대학이 없으니 마지막 최종학교로 알고 입학했다. 서울이나 인천에 유학갈 길은 바랄 수 없으니까 말이다.

중학교 때 배웠던 은사님께 편지를 합니다.

한 없이 보고픈 이 선생님께

선생님 저는 울고 있어요. 선생님이 보고 싶어서요.

인자하시고 자비로우신 선생님의 모습이 보고 싶어서요.

선생님 저는 어떻게 합니까? 기쁨 슬픔을 같이 하시던 선생님이 없으시니까요. 선생님 저에게 사랑만 해주시다 떠나시는 선생님이 입습니다. 왜 저에게 꾸짖고 욕하시고 때려 주시고 가시지 왜 바다의 물결과 같이 제자를 사랑하며 돌보시다가 가시면 저희들은 어떻게 지냅니까? 선생님 선생님이 떠나시던 날 말입니다. 저는 집안 사정으로 울었는데 학교에 와보니 이진영 선생님께서 선생님이 가셨다는 말씀을 듣고 또 울었습니다. 왜 오늘따라 지각을 했을까? 선생님의 마지막 모습이라도 보았으면 괜찮을 텐데…….

이게 무슨 얄궂은 운명이란 말인가 하는 생각이 들었습니다.

학교가 무엇이고 인생이 무엇인가. 저는 다 귀찮았습니다.

친구들도 울었더군요. 저는 생각하다 못해 선생님이 행복하시라고 기도를 드렸습니다.

그래도 선생님의 생각이 자꾸 떠오르는 동시에 슬퍼져서 저희들은 극장으로 향했습니다. 하지만 영화를 보고 있는 중에도 선생님이 생각이 떠오르는 것이었습니다.

영화 제목이 "아빠 돌아와요"였는데 "선생님 돌아와요"라고 외치고 싶은 마음이었습니다.

선생님의 행복을 위하여 선생님이 말씀해 주신 "너는 강하고 담대하라. 극히 담대하라. 우로나 좌로나 치우치지 말라"하시던 모습이 보고 싶었습니다. 그리고 언제나 입속으로 되풀이 하면서 꼭 실천해야겠다고 맹세합니다.

선생님 이제부턴 선생님 말씀 잘 기억하며 열심히 공부하겠어요.

할 말은 바다의 모래알 같지만 서울에서 만나 이야기하기로 하고요. 이만 줄이겠어요.

그럼 '안녕'

1966년 3월 22일 화요일

숙향 올림, 선생님! 방긋 웃어 주세요

마지막 교육이니 만치 더욱 더 마음잡고 공부한다. 교회도 빠지지 않고 다니면서 음악이며 시며 작문 등 마무리하는 마음으로 공부한다.

시를 지어 봅니다.

하늘과 땅을 지으신 분이 아담을 만들었습니다.
아담을 만드신 분이 하와를 만들었습니다.
남자와 여자를 만드신 분이
사랑이란 이름으로 가정을 세우셨습니다.
가정을 세우신 분이 가족이란 다사로운 이름으로
교회를 세우셨습니다.

하늘과 땅! 남자와 여자를 만드신 분이 보시기에
아름다운지라 좋아 하셨습니다.
가정과 교회를 세우신 분께서는
오늘도 복 주시며 기뻐하시길 원합니다.
빛이 있으라 하시니 빛이 있었고
그 빛이 하나님 보시기에 좋았습니다.

일요일에는 친구들과 함께 교회에 나가서 찬송도 하고 기도하며 예배하는 것을 게을리 하지 않았습니다.

학교를 졸업하고 아버지와 함께 배를 타고 나가 고기 잡는 일을 도왔습니다.

그런데 사랑방에 중학교에 새로 부임하시는 선생님이 세를 들어 오셨습니다.

– 백령도 중고등학교 선생 강선규 선생

강선규 선생은 1937년생이니까 숙향이보다 7살이 많다. 그는 남한 땅 경기도이지만 촌에서 가난한 집에서 태어났는데 흙벽돌로 벽을 싼 초가삼간이었다.

초등학교를 우등으로 졸업하고 중고등학교를 장학금으로 다닌 수재였다. 그래서 서울대학교 사범대학교에 합격하였다.

서울인지라 쌀을 짊어지고 김치 간장 고추장 된장 기본 반찬을 들고서 인화동 산꼭대기 싼 집을 골라 광주친구 상학이와 이천친구 학철이와 셋이서 방을 하나 얻어 자취를 하면서 하루씩 셋이서 교대로 밥을 짓는다. 두부장수 아줌마가 머리에 이고 올라오면 비지 몇 덩어리를 사 놓고 찌개를 끓여 먹는다.

한번은 연탄가스가 방에 새어 들어와 주인아주머니가 동치미 국물을 먹여 살아난 적도 있고 상학이는 돼지꿈을 꾸고 창경원에 산업

박람회에 가서 복권을 타서 셋이 근사한 요리를 먹어 보기도 했다. 학철이는 일요일이면 동두천에 가서 개척교회를 하기도 하고 선규는 밤이면 답십리 교회에 가서 낫 놓고 기역자도 모르는 할머니와 아주머니들 문맹자 28명에게 한글을 열심히 가르쳐 주어 눈을 뜨게 해 주어 고맙다는 말을 들으며 책을 읽기도 하고 글을 쓰기도 하였다. 글짓기 대회도 열어서 그 중 제일 글을 잘 쓴 최춘자 아주머니의 글을 옮겨 보겠다.

고기잡이와 처녀

옛날 어느 바닷가에 혼자 사는 젊은 고기잡이가 있었습니다.

고기잡이는 매일 작은 배를 저어서 바다에 나아가 낚시를 드리우고 고기를 잡고 있었습니다.

그러나 그는 욕심을 내지 않고 작은 물고기는 바다에 도로 놓아주었습니다. 큰 것만 얼마만큼 잡히면 그것을 팔아서 쌀도 사고 반찬도 사서 그날그날을 살아가고 있었습니다.

어느 날 저녁, 고기잡이는 빨리 배를 저어 잡은 물고기를 들고 집으로 돌아왔습니다.

그런데 문간에 웬 처녀가 하나가 서 있지 않겠어요.

<집을 잘못 찾아온 게 아닐까?>

고기잡이는 이렇게 생각하고 처녀에게 물었습니다.

"누구를 찾으셔요?"

"예. 당신을 찾아 왔어요. 저는 부모님도 형제도 없는 아주 불행한 사람이어요. 식모로 여기시고 댁에 있게 해 주셔요."

처녀는 힘없는 말씨로 이렇게 부탁하며 부끄러워했습니다.

옷차림은 남루하게 보였으나 얼굴은 매우 예쁜 얼굴이었습니다. 젊은 고기잡이는 망설이다가 말했습니다.

“가엾어라 혼자 몸이라도 식모를 둘 형편은 못 되지만 여기라도 괜찮거든 얼마 동안 있어도 좋아요. 어디 좋은 일자리가 날 때까지 말이요.”

“예. 그럼 있게 해주시는 거죠.”

처녀는 기뻐하며 공손히 절을 했습니다.

이리하여 의지할 곳 없는 처녀는 그날부터 고기잡이의 집에서 살게 되었습니다.

그날 밤 둘이는 서로 마주 앉아 밥을 먹었습니다.

이튿날이 되었습니다. 고기잡이가 잠을 깨어보니 부엌에서 밥을 짓고 반찬을 장만하느라 달그락 달그락 거리는 소리가 들렸습니다.

“꽤 일찍 일어났군. 밝기도 전에.”

젊은 고기잡이는 감탄했습니다.

처녀는 발간 머리띠를 머리에 매고 수건을 쓰고 있었습니다.

처녀는 아침밥을 지어 놓고는 집안 청소를 부지런히 하였습니다. 앞문간도 뒷문간도 깨끗이 쓸었습니다.

그리고 고기잡이가 일어나서 세수를 하러나간 동안에 방 청소도 깨끗이 하고 방 한가운데다가 아침상을 보아 놓았습니다.

“참 시원스럽게 일을 하는군!”하며 고기잡이는 기뻐했습니다.

<나는 여태까지 무슨 일이던지 혼자 해 왔는데 일어나 곧 세수하고 밥을 먹는다는 건 너무 편해.>라고 생각하지 않을 수 없었습니다.

젊은 고기잡이는 밥을 먹기 시작했습니다.

맛있는 밥 그 중에도 된장국이 맛이 좋았습니다.

"어쩌면 이렇게 맛이 좋을까!"
젊은 고기잡이는 이렇게 칭찬 했습니다.
"아니어요. 저는 정말 재주도 없어요."
처녀는 고개를 돌리고 부끄러운 듯이 말했습니다.
"무슨 소리를 이 정도면 훌륭한 솜씨야."
이 말에 처녀는 보조개를 지으며 생긋 웃었습니다.
처녀가 온 뒤로 집안이 밝아졌습니다. 여태까지 쓸쓸하던 집안이 갑자기 생기가 도는 것 같았습니다.
젊은 고기잡이는 기운이 나서 일을 부지런히 했습니다.
"다녀오리다."
고기잡이는 날마다 씩씩하게 바다로 나갔습니다.
물고기를 잡아 가지고 저녁때 집에 돌아와서 밥을 먹고 나면 처녀는 으레 고기잡이에게 말했습니다.
"고단하시죠. 어깨를 주물러 드릴까요."
처녀는 고기잡이의 뒤로 가서 부드럽게 어깨를 주무르기 시작했습니다.
"인제 됐어 그만 너무 주무르면 오히려 아가씨가 지칠 테니까. 그만해."
젊은 고기잡이는 어깨너머로 이렇게 말했습니다.
그러나 처녀의 두 손은 여전히 고기잡이의 넓은 어깨를 두드리고 있었습니다. 두드리는 솜씨가 좋아서 그런지 고기잡이는 그날의 피로가 확 풀리는 것이었습니다.
<나는 정말 행복해. 저 아가씨가 와 줘서.>
"아가씨 내가 이렇게 가난해도 괜찮다면 내 아내가 되어 줘요."
"예 언제까지나 모시고 지내지요"
"고맙소. 정말 고마워."
처녀는 등을 두드리던 손을 멈추고 고기잡이의 앞으로 가서 앉았습니다.

"그렇지만 꼭 한 가지 약속해야 할 것이 있어요."

"대체 무슨 약속인데."

"아침이든 밤이든 제가 뭘 찌든지 삶든지 절대로 넘겨다보시면 안 돼요."

"보지 말라면 안 보지."

"그럼 굳게 약속 하시지요?"

"하고 안 하고가 어디 있어 안 넘겨다 본다니까."

"아이 좋아라. 이제 안심이야."

처녀는 가슴에 손을 대고 방그레 웃었습니다. 세월은 덧없이 자꾸만 흘러갔습니다.

백날쯤 지나니까 둘이는 모든 것이 익숙해졌습니다.

그러나 아내가 끓이는 된장국, 그리고 저녁 된장국의 맛은 전혀 변하지 않았습니다. 변하기는커녕 맛이 점점 더 좋아지는 것이었습니다. <정말 이상해 된장은 같은 된장인데……. 요리할 때는 보지 말라고 했고 난 안보겠다고 약속은 했지만 그 까닭이 뭘까?> 고기잡이는 고개를 갸우뚱 했습니다.

그리고 그 까닭을 생각해 보았습니다.

그러나 알 수가 없었습니다. 들여다보고 싶었지만 고기잡이는 꾹 참고 약속을 지켜주었습니다. 그런데 아침이나 저녁이나 그 일이 마음에 걸려서 견딜 수가 없었습니다.

"안 볼 때 눈치 채지 않게 살짝 보면 알게 뭐야."

젊은 고기잡이는 안 보고는 못 견디게 되었습니다.

"꼭 한 번이야 잠깐 보면 돼."

다음날 아침 아직 밝기 전에 젊은 고기잡이는 특별히 일어나서 말했습니다.

"오늘은 낮부터 바람이 심하게 부는지도 몰라요. 바다가 물결치기 전에 고기를 낚아야지 아침은 다녀와서 먹기로 하겠소."

그물을 치고 고기잡이는 바다로 나갔습니다. 그러나 고기잡이는 가다가 도로 집으로 왔습니다.

몸을 숨기고 집을 들여다보고 있노라니까 오늘 아침에는 아내가 먼저 대문간을 쓸었습니다.

"자 이때다."

이 틈을 타서 고기잡이는 뒷문으로 해서 안으로 들어갔습니다. 기둥을 타고 부엌 천장으로 올라갔습니다. 어둑컴컴한 천정 밑 그을린 대들보 위에 올라앉아 아래를 내려다보고 있었습니다.

아내는 조금도 눈치를 채지 못했습니다. 대문간을 다 쓸고는 안으로 들어 왔습니다. 집안에는 저 혼자라고 아내는 생각하고 마음 놓고 밥을 짓기 시작했습니다. 아내는 먼저 통에 물을 가득 부었습니다. 그리고는 윗도릴를 벗었습니다. 한 팔을 담가 휘휘 저었습니다. 이렇게 팔이 빨개질 때까지 휘젓고는 다시 다른 팔로 물을 휘저었습니다.

"참 이상한 짓을 하는구나."

지붕 밑 대들보 위에서 고기잡이는 유심히 보고 있었습니다. 아내는 팔을 씻고는 그 물을 솥에 부었습니다. 솥에는 쌀이 들어 있었습니다. 된장독에서 된장을 퍼다가 냄비에 담았습니다. 대들보 위에서 그것을 내려다보다가 저도 모르게 입을 벌렸습니다.

"여보 더렵구려."

"어머나!"

아내는 깜짝 놀라 위를 쳐다보았습니다. 젊은 고기잡이의 눈이 어둠속에서 빛나고 있었습니다.

고기잡이는 '아차'하고 고개를 움츠렸지만 헛일이었습니다.

"아니, 왜 약속을 어기시지요."

"미안 미안."

고기잡이는 머리를 긁었습니다. 그리고는 계면쩍은 표정으로 내려왔습니다.

아내는 부엌 마루에 털썩 주저앉고 말았습니다. 원망스러운 듯이 멀거니 생각에 잠겼습니다.

눈에서는 맑은 눈물이 주루루 뺨을 타고 흘러 내렸습니다. 고기잡이도 그만 기가 죽었습니다.

"용서해요. 보아선 안 될 것을 보았으니 내가 나빴소. 용서해요. 나쁜 생각으로 한 짓은 아니니까 당신이 맛있는 밥을 지어주고 또 맛있는 된장국을 끓여 주지 않았소. 어떻게 해서 그렇게 맛있는지 도무지 궁금해서 견딜 수가 없어서 그만."

"저는 원래 물고기로서 바다의 가다랭이어요. 어릴 때 당신의 그물에 걸렸어요. 그랬는데 당신은 나를 곧 바닷물에 놓아 주었어요. 그런 일을 잊으셨나요."

"그래 일일이 기억은 나지 않지만 낙 작은 고기는 번번이 놓아 주었지."

"그 은혜는 나는 한시도 잊지 않았어요. 은혜를 갚으려고 용왕님께 부탁해서 사람이 되었어요. 하지만 이제 그 비밀을 들켰으니 더 이상 이 집에 머무를 수는 없어요. 섭섭하지만 안녕히."

그리고는 마룻바닥에서 팔딱 재주를 넘었습니다.

젊은 고기잡이는 정신이 번쩍 들었습니다. 그러나 사람의 모습은 이미 사라지고 없었습니다.

아침 해가 문틈으로 새어 들어왔습니다.

강선규는 서울 문리대 사범대학생으로 열심히 공부하고 졸업반이 되었습니다. 사범대를 졸업하면 교단에 서는 선생님이 되기 때문에 교생실습을 하게 된다.

서울대생 8명과 연세대생 8명 합해서 16명이 서울 숭의여자중고등학교에서 교생실습을 하기 위해 모였다. 첫 주 4일간은 숭의여중 교사들이 가르치는 것을 견학하고 둘째 주 3일간은 각 학급에서 직접 가르치며 심사를 받는다. 그리고 둘째 주 토요일은 제일 우수한 심사점수를 받은 학생이 모범수업을 하게 된다.

그 모범수업을 하게 된 교생이 강선규이다.

이발도 하고 신도 닦고 늦지 않게 숭의여중 3학년 2반으로 모범수업을 하러 갔다. 60명의 여학생들의 눈이 어떻게 가르치나 보자하고 초롱초롱 빛나고 뒤에는 교장선생님, 담임선생님 각과 선생님 12분이 좌정하여 지켜보신다.

교단에 선 강선규는 두근두근 하는 긴장감을 누르고 분필을 들어 자기 이름 석 자를 쓰고 인사를 하였다. 교과는 사회과의 지리시간인데 차분차분 가르치고 시간을 맞추었다.

의외로 학생들이 우렁차게 소리치며 박수를 쳐준다.

교장 담임 및 전교교사들이 모이고 교생 16명이 모인 자리에서 심사평이 이루어진다.

3학년 2반 담임 이춘자 선생 왈.

“어떻게 그렇게 잘 가르치세요. 우리 선생님들이 못 따라가요.”

숭의여자중고등학교 교장 선생님 왈.

“대학교 졸업하면 다른데 가지 말고 우리학교로 오시오.”

듣던 중 제일 반가운 칭찬이다.

강선규 대학생은 몇 달마저 공부하고 졸업하게 되었다. 이런 생각 저런 생각 어지럽게 떠오른다. 나는 물론 교단에 서는 선생이 되어야 하겠지. 나는 근면한 교사가 되어야겠지. 학부형이나 학생의 돈을 보는 부패한 교사가 돼선 안 되겠지. 어디로 가나. 숭의여중으로 가야하나 아니면. 교사를 하다 정년이 되면 나는 어떻게 살아야 하니

이런 시가 생각난다.

계절은 나를 보고

새봄은 나를 보고 새싹처럼 치솟으라 하고
여름은 나를 보고 열정으로 살라하네
가을은 나를 보고 단풍처럼 꿈을 펼치라 하네
겨울은 나를 보고 흰 눈되어 깨끗하라 하네
계절은 철을 따라 친구되어 속삭여 주는데
그 누가 나를 보고 그 사람 외롭다 할 건가

그리고 또 늙도록 산다면 소나무 같이 될까 생각해 본다.

소나무여

긴 세월 험한 자리 불평 없이 살아왔네
비바람 시련 속에 외로운 고통 속에
역사의 흐름 보며 기도하며 보낸 세월
빗방울 눈물되어 그대생명 이어왔구나

날아드는 새들 더 좋은 곳 유혹해도
온갖 짐승들 조차 날마다 괴롭혀도
흔들림 없는 그대 모습

푸르름 잃지 않고 자리 지키고 있구나

그대는 하늘 뜻 생명시되어 이 땅에 심어졌기에
이제는 어둔 세상 지켜 가는 파수꾼 되었네
창공 향해 가지 넓게 뻗은 큰 폼
우뚝 선 그대 모습 하늘 일꾼 되었구나

언젠가 그대 몸도 휘어지고 굽어지겠지
사명자 모습 지켜 간다면
더 멋진 존재로 사랑받게 되리라

지난날 상처로 깊이 패인 껍질
비록 두텁고 투박스러워도
노년기 보기 좋은 한 폭 그림 되리라

숭의여자중고등학교 교장선생님이 교생 실습 때 자기학교로 오라고 하셨어. 훤히 뚫린 길이 보였었어도 많은 생각 끝에 외롭고 못살고 고생하는 학생들에게 희망을 주고 싶어 교육청에 그 뜻을 말했더니 고맙다고 하면서 발령한곳이 서해 최북단의 심청이가 눈먼 아버지의 눈을 뜨게 하기위해 물에 빠진 <효 누각>이 있는 섬, 대한민국 해병대가 수복하고 북괴군과 대치하고 있는 섬, 몽돌해안과 논밭이 있는 섬. 중국 어선들이 꽃게잡이를 하러 오는 섬, 그 백령도에 있는 백령 중 고등학교에 배속되었다.

강선규 선생은 배속된 학교에 전화로 먼저 인사하고 하숙할 집을 부탁하였다. 숙향이가 다니던 중학교에서 전화가 왔다.

"여보세요. 숙향이네 집인가요?"

"예. 저 숙향인데요?"

"어, 숙향이구나. 가르쳐 주시던 은사님이시다. 얘 이번에 새로 부임하시는 선생님이 하숙을 원하시는데 가능하냐?"

"빈 방도 있고 괜찮습니다."

"알겠다. 28일 날 오신단다."

아버지와 두 식구가 살자니 적적했었는데 잘 되었다 싶어 승낙했다. 어떤 선생님일까? 실력 있는 선생님일까? 잘 생겼을까? 마음씨는 착할까? 서로 대화가 통하는 사람일까? 애인은 있는 사람일가? 혹시 결혼한 사람일까? 할 걱정 안 할 걱정 꼬리에 꼬리를 물고 궁금한 의문이 생긴다. 언제쯤 오시려나. 내일이라 했는데 그날 밤은 왜 그리긴지. 밤잠을 설쳐가며 열아홉 처녀답게 궁금증 투성이이다.

드디어 2월 28일 갈아입을 옷과 필수품들을 배낭에 지고 인천항에서 배를 타고 2시간 만에 백령도에 도착하여 학교 선생님들께 인사를 하고 하숙할 집을 소개 받았다.

배낭을 지고 숙향이네 집을 찾아갔다.

"계십니까?"

목소리도 우렁차게 주인을 찾았다.

이제나 저제나 기다리던 숙향이 '예'하며 문을 열고 나선다. 첫눈에 얼굴은 잘 생기고 어깨는 떡 벌어지고 키는 훤칠하고 양복 입은 신사 젊은이다.

숙향이는 단번에 벌린 입이 다물어지지 않는다. 눈에 콩깍지가 씌워지는 것이다. 잘 진행해야지 마음을 가다듬고 "어서 오세요. 소식 듣고 기다렸습니다."라 말한다.

"어느 방을 써야 하죠."

"여기 사랑방을 쓰시죠."

최은희와 김진규가 주연한 영화 <사랑방 손님과 어머니> 아니라 <사랑방 손님과 숙향이>가 될 모양이다.

정성껏 밥을 짓고 아버지가 잡아오신 꽃게랑 조기와 뜰에서 가꾼 채소를 가지고 반찬을 만들어 상을 들고 사랑방에 들어갔다.

"솜씨가 별로지만 맛있게 드십시오."

"고마워요. 진수성찬이네."

나이가 아래인 것 같으니 '허게' 하였다. 처음이라 별말 못 붙이고 물러나왔다.

강선규 선생은 다음날 아침 학교에 출근한다.

일학년 입학식과 아울러 2~3학년 개학식이다.

교장선생님으로부터 축사와 새로 부임한 강 선생을 소개한다.

강선규 선생님은 서울에서도 유명한 서울대학교 사범대학을 우수한 성적으로 졸업하고 오신분이라고 말이다.

강선생은 2학년 1반 담임을 맡았다.

첫 시간이다. 학급 반장으로부터 차렷 경례 구령에 따라 "안녕하세요."하는 남녀 학생들의 초롱초롱한 눈빛이 빛난다.

강 선생은 뒤로 돌아 칠판에다 백묵으로 큰 글씨로 자기의 이름을 써놓고 출석을 부른다.

한사람 부르고 얼굴을 확인하고 다음 사람 이름 부르고 확인하고 하느라고 30분을 보냈다.

다음날은 출석부는 손에 든 채 학생부터 쳐다보고 이름을 부른다. 과연 서울대생답다. 학생들마다 깜짝 놀라며 "선생님이 벌써 나를 아셨어!

천재신가 봐! 정신 차리고 공부 잘 해야지."라고 생각한다. 방과 후에는 여러 가지 동아리를 구성하고 지도하신다.

문예부 : 글짓기와 시쓰기

음악부 : 노래와 피아노

규율부 : 생활지도와 모의재판

생활부 : 운동과 모의국회

1년에 한번 씩 각 부서가 발표회를 하기로 하고 준비한다.

학생들은 한시도 곁눈 팔 새 없이 정신 바짝 차리며 공부한다. 1학년 2반을 눈여겨보시는 다른 선생님들도 각기 열정을 다 하심으로 전교가 열심히 공부하며 활동하는 참으로 훌륭한 학교로 변해간다.

매일 수업과 동아리 활동을 지도하시고 늦게 귀가 하신다. 집에서는 숙향이가 기다리는데 말이다.

숙향이는 귀가하시는 선생님께 식사를 해서 대접하고 부탁하길 15분 씩만 지도해 달란다.

한 시간도 아니고 잠깐인데 피곤하기는 해도 마다할 수 없어서 그러자고 약속했다.

다음날 사랑방에 들어가 마주앉게 되었다. 아주 자연스러운 대화의 자리가 마련된다.

*

드디어 백령도에 와서 숙향이네 집에 유하면서 백령도 중학교에 부임한지 6개월이 되어 여름방학이 돌아왔다.

그동안에도 숙향이와 같이 아버지의 고기잡는 데도 따라가 도와도 보고 심청각이나 몽돌해안 뿐만 아니라 해병대 축구시합 하는데도 가서 응원하고 외식도 같이 하여서 여행하는데 어색하지 않았다. 결국 방학에 집에 갈 때는 약속한대로 육지구경을 시킬 계획이다.

"여행 준비 해야지?"

"정말 데려가 주실 거예요?"

"아무렴 약속이었는데."

"아이 좋아라."

갈아입을 옷이랑 화장품이랑 그 외 필수품을 배낭에 넣고 둘이는 아버지께 인사를 드린 후에 생전 처음 육지를 향해 배를 탔다. 인천 부두에 내려 월미도에 가서 모노레일도 타보고 선글라스를 모자와 같이 사서 쓰고 오락기구들을 타면서 즐겼다.

만국공원 올라가는 차이나타운에서 중국 요리를 먹었다.

우물 안 개구리로 살던 숙향이는 이제 바깥세상 구경을 하게 됐다. 그러나 섬 색시의 인생활로는 이제부터 시작이다.

둘이는 경인선 열차를 타고 서울역에 왔다. 물론 서울은 볼 것도 많고 먹을 것도 많고 살 것도 많지만은 강선규 선생 집부터 가서 부모님께 인사부터 해야 한다. 강 선생은 집에 전화도 많이 했고 편지도 했었지만 부모님부터 뵈어야 한다.

방학하고 온다는 소식은 있었지만은 졸업하고 먼 섬에 가서 고생하는 아들을 얼마나 보고 싶었을까?

"어머님 저 왔습니다."

"그래" 버선발로 뛰어 나오시던 어머니 그리고 아버지, 자식을 보자

마자 반가웠지만 눈이 휘둥그래지셨다.

옆에는 아리따운 아가씨가 같이 있었기 때문이다.

"너는 벌써 결혼했느냐?"

"내가 하숙하고 있는 집 아가씨예요. 이 아가씨 손에 제가 밥을 먹고 옷을 빨아 입곤 합니다."

"고맙군. 수고가 많았어요. 이름은?"

"안녕하세요. 숙향이에요."

침을 꿀꺽 삼키며 "이름도 얼굴처럼 예쁘군. 선규야 며느리 삼았으면 좋겠다."

"어머니도 참."

싫지 않은 모양이다.

숙향이도 언젠가 고백하고 싶었지만 얼굴이 빨개졌다.

다음날 계획대로 승용차를 타고 여행을 다닌다. 괴산에 인물석상들을 만든 돌문화며 월악산 충주호 유람선 탄금대 공원 감자꽃 노래비며 단양팔경 천둥산 박달재며 구경을 하고 수안보 온천에 일박의 여정을 풀었다.

"숙향이 온천 목욕부터 하죠."

숙향은 같이 하자는 줄 알고 "아이 부끄러워라."한다.

"남탕과 여탕이 따로 있어 걱정 말고."

둘이는 목욕을 하고 식당에서 저녁 요리를 먹었다. 밤잠은? 침대 둘이 있는 방이다. 정말로 하루의 피로를 풀어야 한다.

"숙향이 여기 냉장고에 맥주가 있는데 한 잔 할까?"

"나, 술 못해요."

"맥주인데 뭘 맥주도 술인가."

한 침대에서 홀짝 홀짝 마신 맥주가 기분이 이상해졌다.

둘이는 얼싸 안았다. 입을 맞추었다. 드러누웠다. 이불을 덮었다. 둘이는 열나게 즐거웠다.

결국 섬 색시는 순정을 받쳤다. 서로 서로 사랑하게 되었다. 행복과 함께 아침 햇살이 창문으로 가득히 들어온다. 호칭이 마땅치 않다. '숙향이' 하기도 그렇고 '여보'하기도 그렇고 에라 모르겠다.

"숙향씨 일어나야지."

"아이 벌써 이렇게 되었나."

눈 비비고 일어난다.

"피곤하지?"

숙향이는 자기가 바라고 기다리던 일이었지만 쑥스러워 고개를 못 쳐든다.

"우리 하루만 더 관광하고 올라가 결혼 승낙을 받읍시다. <여~보>하고 부르게."

안동하회 마을로, 상주로, 영주 부석사로, 경주 불국사로, 울산 포항 공업지대로, 부산 해운대 들썩이던 영도다리와 태종대, 진해, 여수, 부곡 하와이로 왔다. 공연도 보고 온천목욕도 다시하고 또 다시 침대에서 행복한 시간을 가졌다. 다음 날 몸을 추슬러 집으로 와서 부모님께 허락을 받고 백령도 아버지께 승낙 받으려 인천항으로 향해가서 백령도에 다달았다.

"아버님, 죄송합니다. 숙향이와 결혼하겠습니다."

"어미 없이 자라서 아무것도 모르는 것을."

둘이는 양가의 허락 하에 성대한 결혼식을 했다.

그리고 수십 년을 해로하며 남매의 자식을 기르고 정년을 한 후에 서울로 올라왔다.

<총각 선생님 서울에는 가지를 마오. 가지를 마오>하는 노래 가사를 바꾸어야 하겠다.

강돌이와 강순희

우선 먼저 김다인의 노래 <갑돌이와 갑순이>부터 들어보자

갑돌이와 갑순이는 한 마을에 살았드래요
둘이는 서로 서로 사랑을 했드래요
그러나 둘이는 마음뿐이래요
겉으로는~~ 모르는 척 했드래요 모르는 척 했드래요

그러다가 갑순이는 시집을 갔드래요
시집 간 날 첫날밤에 한없이 울었드래요
갑순이 마음은 갑돌이뿐이래요
겉으로는~~ 안 그런 척 했드래요 안 그런 척 했드래요

갑돌이도 화가 나서 장가를 갔드래요
장가 간 날 첫날밤에 달보고 울었드래요
갑돌이 마음도 갑순이뿐이래요
겉으로는~~ 고까짓 것 했드래요 고까짓 것 했드래요

강돌이와 강순이는 한 고을에서 태어났다. 강순이는 언덕 높은 곳 넉넉한 집에서 태어나 예쁜 아가씨로 커가면서 부모님의 귀여움과 사랑을 듬뿍 받으면서 커 갔다. 또한 강돌이는 1936년 순이가 태어나고 이년 후인 연하로 실버들 늘어지고 시냇물 흐르는 초가삼간 오두막집에서 태어났다.

돌이는 어느 날 아버지가 송아지 사서 끌고 오시는 것을 본다. 아버지가 지게를 지고 산에 올라가 나무를 해다가 집에도 때고 나무를 팔아서 돈을 모아 송아지를 사셨다. 돌이는 낫을 들고 나가서 풀을 베어다 송아지를 먹이고 여물을 썰어서 콩깍지를 섞어 물을 부어 여물을 끓여 송아지를 먹여 어린 송아지는 잘 먹고 잘 커서 중송아지가 되고 중송아지는 살찌고 힘센 큰 황소가 되었다.

아버지는 튼튼하고 힘센 소를 교육시킨다. 먼저 코의 얇은 곳에 뚫어 코뚜레를 꿰고 목에는 풍경이 달린 목도리를 하여 코뚜레에 긴 끈을 매어 두 뿔의 사이로 넘겨 목도리 속으로 끈을 빼어 길게 뒤에까지 늘여 손에 감아쥐고 가르친다. '앞으로 가라'는 이랴 이랴! '왼쪽으로 가라'는 오더 오더이다. '오른쪽으로 가라'는 끈을 오른쪽으로 잡어 당기고 '뒤로 물러나라'는 고삐를 뒤로 잡어댕기면 되며, '뒤로 돌아가자'는 기분 좋게 '이려 돗차'한다.

옛 말에 미련하고 우둔한 것이 소라지만 날마다 며칠 배우니 황소는 말을 알아듣고 잘 따라한다. 아버지는 목에다 멍에를 올려주고 쟁기를 달아 논밭을 가신다. 어린송아지가 자라서 우리 집 큰 일꾼이 되었다.

남의 일도 해주신다. 사람 품값의 세 배이다. 마차를 구해오셨다. 뒤에 쟁기대신 등에 안장을 올려놓고 마차를 달았다. 지게를 지고 산의 나무를 하시던 아버지가 동네사람들이 해오는 나무를 사서 마차에 싣고 시장에 가서 파신다.

일 년 사시사철 쉬지 않고 일하신다. 계속하여 돈을 모아 땅을 샀다. 돌이는 쌀밥을 먹으며 커 갔다. 집도 삼간 오막살이집을 비워두고 부엌, 안방, 웃방, 삼 칸 마루, 건너방, 사랑채, 소 외양간, 작두칸까지 있는 넓은 큰 집을 마련하셨다.

'근자소부(勤者小富)'라 했던가? 탄탄한 집안이다.

아버지는 책상과 공책 연필 그리고 언문이라 하던 가갸거겨 '한글 괘도'를 사오시고 돌이 보고 배우라신다. 재미있다. 어머니는 서당에 데리고 가서 천자문을 배우라 하신다. 어렵다. 부모님은 학교 가기 전에 조기교육을 시키신다. "하늘천 따지 검을현 누루황" 어렵다. 그러나 "언재호야"까지 다 배웠다.

1985년 3월 일곱 살 되던 해 입학통지서가 나왔다. 콧수건을 왼쪽 가슴에 달고 어머니 손을 잡고 입학하러 간다. 일본순사가 허리에 칼을 차고 말을 타고 지나간다. 무섭다. 선생님이 일본사람이다.

"아이우에오, 나니누네오, 아까이, 아까이, 시로이, 시로이"

도무지 뭐가 뭔지 모르겠다.

1985년 8월 15일 드디어 해방이 되었다. 어른들을 따라서 태극기 앞에서 만세를 불렀다. 즐거웠다 우리나라 선생님이 가르친다. 가갸거겨 이미 배운 것 쉽다. "바둑아 바둑아 이리오너라 나하고 놀자" 재미있다. "장독 위에 흰 눈이 소복 쌓였네."

음악은 어렵다. 자꾸만 하라신다. 아무튼 날마다 즐겁게 학교에 간다.

두 살 더 많은 순이가 입학했다.

돌이는 남자 줄에 순이는 여자 줄에 앉았다. 곁눈질해서 본다. "야! 예쁘다" 교실이 다 환하구나. 매일 학교 가기 재미있다. 노는 시간이면 순이와 같이 논다.

순이가 모르는 것을 물어보면 잘 아는 돌이가 가르쳐 준다. 시소도 타고 그네도 서로 밀어준다. 미끄럼틀도 같이 타며 즐겁게 타며 즐겁게 논다. 하교시간에는 서로남아 같이 공부한다. 성적도 쑥쑥 올라간다.

5학년이 되니 성적도 서로 1,2등을 하는 우등생이 되고 정답게 놀다 보니 이제는 좀 컸다고 남의 눈이 안 띄는 곳에 가서 기분이 묘해지면서 손도 잡아보고 안기고 싶어 안아도 보고 사랑하고파 입도 맞춰 본다.

그것이 여러 날 되다보니 사랑을 속삭이며 새끼손가락을 걸어 장래를 약속한다. 이 다음에 우리 결혼하자고 단단히 약속한다.

돌이와 순이는 학교를 졸업했다. 졸업장과 상장을 받으면서 돌이는 남자중학교에 순이는 여자중학교에 입학하여 중학생이 되었지만 좀처럼 만나기가 어렵다. 그러나 고등학생이 되어서는 아주 못 만난다. 순이는 지방도시에 돌이는 장학생이 되어 서울 고등학교에서 공부하기 때문이다.

돌이는 서울에서 대학까지 공부하였다. 많은 여학생들이 따르지만 결혼상대는 아니다. 마음속에는 순이가 자리 잡고 있기 때문이다.

한편 순이는 고등학교 시절 키가 크고 잘생기고 공부 잘 하는 늘씬한 학생과 사귀며 눈에 콩깍지가 씌워졌다.

여자의 마음은 갈대런가!

졸업하자마자 결혼하고 신혼살림을 시작했다.

딸 둘을 낳고 잘 살아간다.

돌이는 순이의 소식을 수소문 끝에 결혼한 것을 알았다. 화가 났다.

고가짓것 세상에 여자 너뿐이더냐 나도 결혼해서 너 보란 듯이 잘살아 보리라.

대학 때 죽어라고 '오빠 오빠'하며 따라다니던 박춘순에게 연락하니 곧 나온다.

"우리 결혼하자."고 말했더니 얼씨구나 좋아한다.

"웬일이유, 그렇게도 도도하게 굴더니?"

"우리 결혼할 나이가 되지 않았나? 부모님 뵙고 허락을 받자."

먼저 춘순이 부모부터 찾아뵈었다.

넙쭉 절하고 결혼 승낙을 청한다.

"다 큰 딸이 좋다 하는데 반대할 까닭이 있나? 그런데 시부모 되실 어르신들이 어떠실 런지?"

둘이 서로 다정하게 팔짱을 끼고 돌이네 집으로 향했다.

"아버님 어머님! 며느리 감을 데려왔습니다. 살펴보시고 결혼 허락해 주십시오."

"그렇게 장가가라 해도 안 하더니 그래 어떤 집안이냐?"

"아버님은 교장선생님, 어머님도 선생님, 교육자 집안이에요."

"좋다. 아가씨 이름이 어찌되오?"

"박춘순이라고 합니다."

다소곳이 말씀드리고 날아갈 듯 공손하게 여자 절을 올린다.

"우리 아들 하고는 언제부터 알게 되었노?"

"대학교 동기예요 오래전부터 친했어요?"

"그러면 일주일 후 양가 상견례 겸 약혼식을 하자. 그리고 쇠뿔도 단김에 뺀다고 한주일 후 결혼식을 올리자."

이렇게 결혼식을 하고 발리 섬으로 신혼여행을 다녀와서 돌이 내외는 알콩달콩 신혼생활을 시작해서 행복이 영글어 1남1녀를 낳아 길렀다.

한편 순이는 홍 도령과 결혼하여 딸만 셋을 낳아 길렀지만, 남편이 중풍을 맞아 병석에 눕게 되니 남편에게 음식을 떠 넣어주고 뒤를 받아내며 온갖 수발을 들어주어야 되니 한시도 곁을 떠날 수 없게 되었다.

그러기를 8년 남편은 결국 저승으로 보내고 홀로 과부가 돼 밤이면 베개를 적시며 신세타령이다.

하도 답답하여 가까운 국악학원에 나간다. 음악에 소질이 있었는가. 국악을 잘 배웠다.

복지관 마을회관 찾아다니며 친구들과 같이 창을 부른다. 노랫가락 태평가 신고산 타령 강원도 정선아리랑 한오백년 등을 부르며 마음을 달래며 노래 봉사를 하면서 순회로 공연을 다닌다.

돌이는 공장을 짓고 물건을 만들어 국내는 물론 외국에 수출하면서 부를 축적하며 큰 부자가 되어가는 대표이사이다. 이제는 사회봉사도 하며 살겠다고 다짐을 한다.

학생들을 위해 장학금을 주고 젊은이들을 위해 체육관도 짓고 노인들을 위해 “어르신들의 행복한 집”을 짓는다. 건물 아래층은 회의실과 공동식사를 할 수 있게 하고 엘리베이터로 이층에 올라가 목욕실 찜질방 침실 운동기구를 만들고 독서와 컴퓨터를 할 수 있게 아기자기하게 만들었다.

“어르신들의 행복한 집”의 준공식을 마련한다.

중·고 대학생 별로 4명씩 12명을 시장에게 추천하게 하며 시장과 면장 부락민들에게 초대장을 보냈다.

면부녀회에서 음식을 만들어 오고 시장 면장이 아름다운 꽃화분을 보내 분위기가 아주 좋게 되었다.

그리고 순이에게도 초대장을 보내면서 2부로 위안노래 순서를 부탁했다. 순이는 그렇지 않아도 돌이 소식을 몰라 궁금했는데 좋은 소식을 듣고 기뻐했다.

드디어 준공식 날! 떡과 고기 술 과일 등을 많이 준비하였고 어르신들과 부락민들이 많이 모였다. 또한 12명의 학생들과 그의 부모님들이 오셨다.

시장님과 면장님이 축사를 해주시고 12명 학생들에게 장학금을 수여하고 여러분들이 모두 맛있게 배부르게 먹었다.

이부순서다.

순희가 친구들과 같이 와서 국악 창을 한다.

노랫가락

충신은 만조정이요 효자열녀는 가가재라
화형제 낙처자하니 붕우유신 하오리다
우리도 성주 뫼고 태평성대를 누리리라

무량수 각 집을 짓고 만수무강 현판 달아
삼신산 불로초를 여기저기 심어놓고
북당의 학발양친을 모시어다 연년익수

바람이 물소린가 바람인가
석벽에 걸린 노송 움츠리고 춤을 추니
백운이 허위적 거리고 창천에서 내리더라

이 몸이 학이나 되어 내 위에다 님을 싣고
천만리 날아가서 이별 없는 곳 내리련만
그곳도 이별 있으면 또 천만리

공자님 심으신 남게 안영증자로 물을 주어
차사로 벋은 가지 맹자꽃이 피었도다
아마도 그 꽃 이름은 천추만대 무궁화인가

그들은 이어 <아리랑>, <도라지타령>, <노들강변>, <매화타령>, <창부타령>, <태평가> 등을 불러 청중들을 즐겁게 하고 박수와 앵콜을 부르게 하였으나 끝으로 회심곡을 부르니 모두 눈시울이 뜨겁게 되고 더러는 눈물을 보였다.

강돌이 사장은 다니면서 일일이 인사를 하였다.

끝으로 순이에게 가서 "오는 10월 15일 뷔페식당에서 나의 고희잔치를 할 예정인데 축가를 해줄 수 있겠는가?"라고 청하니 쾌히 승낙한다.

드디어 고희 날이 왔다. 봄, 여름, 가을, 겨울 계절이니 70번을 바뀌어 한평생 풍고 만상을 다 겪고 인생칠십고래희(人生七十古來稀)의 고희잔치를 맞는다. 자식 남매가 바쁘다. 효도하느라 부모의 새 의복과 단장 모든 비용까지.

외갓집 부모와 친지, 친구와 자기들의 친구까지 청첩을 돌려 모두 오시도록 하였다.

아침에 이발을 하고 맞춘 새 옷을 입고 번쩍이는 구두를 신고 아내와 팔짱을 끼고 대기한 승용차를 타고 식장으로 향했다. 사진기사가 비디오 이프를 돌리기 시작하고 먼저 오신 분들의 환영을 받으며 준비한 자리에 앉았다.

그렇게도 오랫동안 가슴속에 품어두었던 순희 여사!

옛 애인의 고희를 축하하러 노래할 친구들과 사물놀이 패까지 대동하고 왔다.

고희연 순서가 시작되었다.

사회자의 진행에 따라 진행된다. "어르신들의 행복의 집"에서 감사패와 꽃다발을 올린다.

자식남매와 친지들이 잔을 올린다.

순희 여사도 옛 애인에게 잔을 올리겠단다.

올리던 손이 부르르 떨리고 눈에서는 참으려 해도 눈물이 두 빰에 주르르 흐른다. 애초에 언약을 지키지 못한 죄책감인가? 후회의 복받침인가?

순희와 친구들의 창이 식장에 울리고 사물놀이가 식장손님들에게 흥을 돋우었다. 춤꾼들이 흥겹게 춤을 추며 행사는 즐겁게 마무리 되었다.

며칠 후 강돌이 사장은 순이에게 고마웠다고 인사차 순희의 집을 찾아갔다. 그러나 둘이 마주 앉아 눈을 마주하니 잠재워져 있던 마음이 동하는 동시에 안아주고파, 안기우고파 둘이는 서로 포옹했다. 길게 오랫동안 입을 맞추었다.

둘이는 서로 껴안고 침대로 가서 누었다.

신 상록수 한상호

상록수라 함은 일 년 사시절 변치 않고 늘 잎이 푸른 나무를 말한다. 즉 소나무나 대나무 같은 나무를 일컬음이다. 고산 윤선도의 오우가 중에서 소나무 <松>과 대나무 <竹>을 보자.

松

더우면 꽃피고 추우면 잎 지거늘
솔아 너는 어찌 눈서리를 모르난다
땅속 깊이 뿌리가 곧은 줄은 그로 하여 아노라

竹

나무도 아닌 것이 풀도 아닌 것이
곧기는 뉘시기며 속은 어이 비었난다
저러고 사시절 푸르니 그를 좋아한다

봄, 여름, 가,을 겨울 변함없이 늘 푸르니 <상록수>라 한다. 이제 <인간 상록수 한상호>의 일대기를 이야기 하려한다. 한상호는 일제 강점기 초기 1920년에 태어났다. 곡창지대 군산에서 커가면서 일본 놈들이 수많은 곡식 섬을 빼앗아 군산항에서 배로 실어가는 것을 보면서 나라 없는 슬픔을 겪으며 애국심을 키워갔다.

어르신들의 상투를 자르고 삭발하는 것을 보며 아버지에게 배운 '가갸 거겨' '이리오너라' '안녕하세요'는 어디가고 '아이우에오, 나니누네노', '아까이 아까이' '시로이 시로이' '시코키 시코키' '하야이'란 말인가.

나는 무엇인가? 이름도 일본식으로 바꾸란다. 그래도 그는 열심히 공부했다. 초중고를 졸업하고 일본 동경제국대학을 졸업하고 박사가 되어 고향 군산으로 돌아왔다.

군산대학에서 교편을 잡았다. 일본친구들도 많다. 그는 밤이면 달동네에 올라가 빈민들과 학생들을 모아놓고 "기역 니은 디귿 리을" "아야 어여 오요 우유 으이" "바둑아 바둑아 이리오너라 나하고 놀자"를 읽고 쓰게 했다. 태극기 그리는 방법도 가르치고 독립군의 활약상도 들려준다. 그는 공부를 통해 제자로 삼으면서 애국자들을 만들어 나갔다.

전라도 갑부 인촌 선생이 서울 안암골 뒷산을 사서 교육기관 고려학원을 지었다. 고려학원은 훗날 안암골 호랑이로 유명한 고려대학교이다. 현재까지도 사립 명문대학이다.

한상호 교수는 인촌선생 초빙으로 고려대학교 교수가 되었다. 한 교수는 고려대생들에게 열정을 다해 가르쳤고 많은 졸업생들을 배출한다. 그들에게 부탁하기를 나라와 백성들을 극히 사랑하여 애국하고 그들이 가려운 데가 어디인지 살펴서 모르는 것은 가르쳐 주고 또 후진들을 양성하여 모든 국민이 잘사는 나라가 되게 하자고 재삼 역설한다.

한 졸업생이 한상호 교수에게 보낸 편지를 읽어보자

존경하는 한 교수님께

교수님 기뻐해 주십시오. 드디어 옥스퍼드 대학에 합격했습니다. 박사과정입니다. 오늘의 이 영광은 결코 제 힘이 아니옵고 오로지 열심히 가르쳐 주시고 격려해 주신 교수님의 은덕입니다. 학위 받고 귀국하여 교수님이 바라시던 기대에 어긋나지 않도록 열심히 노력하겠습니다. 다시 뵈올 날까지 안녕히 계십시오

– 권창희 배상

한상호 교수는 끊임없이 학생들을 가르치고 그들을 후예로 삼아 계속 뻗어나가 소나무처럼 늘 푸르르다. 시를 더 들어보자

소나무여

긴 세월 험한 자리 불평 없이 살아왔네
비바람 시련 속에 외로운 고통 속에
역사 흐름 보며 기도하며 보낸 세월
빗방울 눈물되어 그대 생명 이어왔구나

날아드는 새들 더 좋은 곳 유혹해도
온갖 짐승들조차 날마다 괴롭혀도
흔들림 없는 그대 모습
푸르름 잃지 않고 자리 지키고 있구나

그대는 하늘 뜻 생명씨 되어

이 땅에 심어졌기에
이제는 어둔 세상 지켜가는 파수군 되었네
창공 향해 가지 넓게 뻗은 큰 폼
우뚝 선 그대 모습 하늘 일꾼 되었구나

언젠가 그대 몸도 휘어지고 굽어지겠지
사명자 모습 지켜간다면
더 멋진 존재로 사랑받게 되리라

지난날 상처로 깊이 패인 껍질
비록 두텁고 투박스러워도
노년기 보기 좋은 한 폭 그림 되리라

한상호 교수 그는 한그루 소나무처럼 쉼 없이 꾸준히 상록수로 활약하였다. 그러나 그도 나이 먹어 퇴직할 날이 올 것이고 그러나 몸에 배인 일이 애국이니 나름대로 놀지 않으리라 본다. 또 한수 시로 끝맺음하려 한다.

빗방울은 긴 수염을 타고
님은 한그루 소나무 굽어 휘어질수록 멋이 있고
늙을수록 가치 있어 수십 년 지난 오늘
그 모습 더 귀하시네

민족의 고난 가슴에 품고 푸르고 푸른 정신 한 가지로
젊었을 때는 유학으로 유학생활
중년에는 고려대학교 캠퍼스 지키셨고

은퇴 후에는 군산 고향집으로 가서
암울한 역사 숲에 서서 견디고 버티며 더 굵어 지셨다.

빗방울은 긴 수염타고 눈물되어 살아온 흔적
깊게 패어져 가는 나무껍질처럼
이제는 노년의 깊이를 더 하신다.

학자정신은 큰 가지로 뻗어있고 푸른 솔잎 변치 않듯
늘 푸른 새학문으로 우뚝 서 계신다.
100세가 되시도록 노송의 깊은 뿌리처럼
더 깊은 은혜로 하루의 삶이 풍요로우시다

물과 뱃사람 심재춘

물[水]!

사람은 물과 떨어져서는 살 수 없다.

물은 마시기도 하지만 밥이나 국 찌개 반찬 과일 음료 약물 등 각양각색으로 물을 흡입한다. 그러기에 인체는 70%가 물이라 하지 않는가 그만큼 물은 소중하다. TV '세이브 더 칠드런' 프로에서는 아프리카에서 죽어가는 아이들에게 항생제와 구급음식 맑은 물을 주기위해 유니세프에 월 삼만 원씩 자선하라고 광고하지 않는가? 우리 지구도 3:5로 육지보다 바다가 넓다 우리는 바다에서 많은 해초와 크고 작은 물고기 소금과 광물 및 석유 등 많은 유익한 자원을 취하고 있다.

그 어딘가 물이 흘렀던 흔적이 있는 별을 발견하고 더 나아가 물이 있는 별을 찾기 위해 우주항공학자들은 심혈을 기울이고 연구하고 있지 않은가

고산 윤선도는 <오우가> 중에서 물을 첫 번째로 넣었다.

내 벗이 몇이나 하니 수석과 송죽이라
동산에 달 오르니 그 더욱 반갑고야
두어라 이 다섯밖에 또 더해 무엇하리

<水>
구름 빛이 좋다 하나 검기를 자주한다
바람소리 맑다하나 그칠 때가 많은 지라
좋고도 그칠 리 없기는 물뿐인가 하노라

심재춘은 어부이고 그의 처 김희자는 해녀이다. 재춘은 거제도 앞바다에 있는 조그마한 섬에서 1945년 8월 15일 태어난 <해방둥이>이다.

그는 일곱 살에 아버지가 왕복으로 태워다 주는 배로 거제도 초등학교 졸업이 학력의 전부이다.

학교를 졸업하자 그는 날마다 아버지를 따라 배를 타고 물고기 잡는 일을 도왔다. 재미있다. 그래서 학교에서 배운 동요를 많이 부른다.

고기잡이

고기를 잡으러 바다로 갈까나
고기를 잡으러 강으로 갈까나
이병에 가득히 넣어 가지고요
라라라라 라라라라 온다야

바다

아침바다 갈매기는 금빛을 싣고
고기잡이 배들은 노래를 싣고
희망에 찬 아침바다 노 저어가요
희망에 찬 아침바다 노 저어가요

섬집 아기

엄마가 섬 그늘에 굴 따러 가면
아기가 혼자 남아 집을 보다가
바다가 불러주는 자장노래에
팔 베고 스르르르 잠이 듭니다

아기는 잠을 곤히 자고 있지만
갈매기 울음소리 맘이 설레어
다 못 찬 굴 바구니 머리에 이고
엄마는 모랫길을 다려 옵니다

재춘이는 지루해 하지 않고 동요를 부르며 배를 타고 아버지 고기잡는 일을 도왔다. 재춘이는 장성하여 청년이 되니 아버지가 배를 하나 더 마련하여 어부로 독립시켰다. 신이 났다. 두려울 게 없다. 아버지보다 고기를 더 많이 잡아 소득을 많이 올린다.

부르는 노래도 동요가 아니다.

뱃노래

어기여 디여차 어기야 디야 어기여차 뱃놀이 가잔다

부딪치는 파도소리 잠을 깨우니
들려오는 노 소리 처량도 하구나

만경창파에 몸을 실어
갈매기 벗을 삼고 싸워만 가누나

낙조청강에 배를 띄우고
술렁술렁 노 저어라 달맞이 가잔다

창해만리 먼 바다에
외로운 달빛만 깜박거린다

어스름 달밤에 개구리 우는 소리
시집 못간 노처녀가 안달이 났구나

작년 같은 흉년에도 이밥을 먹었는데
올 같은 아가씨 풍년에 장가를 왜 못가나

날마다 노래를 부르며 배로 고기를 잡다 보니 끝절에 "아가씨 풍년에 왜 장가를 못가나"에 흥미를 느끼어 부를수록 어여쁜 아가씨가 눈에 어른거리며 장가를 가고픈 생각이 문득 문득 난다.

가요 중에 황금심의 삼다도가 생각난다

삼다도 소식

삼다도라 제주에는 아가씨도 많은데
바닷물에 씻은 살결 옥같이 귀엽구나
비바리 하소연이 물결 속에 꺼져가네
음~~ 물결에 꺼져가네

삼다도라 제주에는 돌멩이도 많은데
돌부리에 걷어채는 사랑은 없다드냐

달빛에 지새드는 연자 방앗간
밤새워 들려오는 사랑은 없다드냐
음~~ 콧노래 구성지다

심재춘은 몸이 근질근질하다 앞으로 쭉 가면 제주도가 아닌가? 고기 잡는 일은 손에 잡히지 않고 아가씨만 자꾸 생각난다.

"에라 모르겠다. 아가씨 낚으러 제주도에 건너가자."

심재춘은 남쪽 제주도로 배를 몰았다.

제주도에서는 남쪽 따뜻한 서귀포항에 배를 대니 해녀들이 물속에서 나오면서 휘파람을 불러준다. 꼭 자기를 보고 하는 신호 같아서 재춘도령은 황홀해졌다.

해녀마다 신호하니 누가 아가씨인가? 누가 유부녀고 누가 할머니인지 알 수 없다.

그는 생각했다. 제일 먼저 나오는 아가씨를 만나리라 아주머니나 할머니보다는 먼저 나오겠지. 해녀 아가씨가 나오기를 기다린다. 그의 눈에는 벌써 콩꺼풀이 씌워졌다. 얼마를 기다리니 해녀들이 잠수복 옷을 갈아입고 오늘 건저 올린 망태를 무겁게 메고 나온다.

재춘이는 먼저 나오는 아가씨에게 달려간다.

"무겁죠? 많이 했네요. 이리주세요. 제가 모두 사겠습니다."

그리고는 거침없이 말을 쏟아낸다. 그의 추리는 적중했다. 아가씨이다. 바닷물에 씻기운 얼굴과 손은 백옥같이 곱고 하얗고 예뻤다.

"부르는 대로 드리겠습니다."하고 받아 든 재춘은 "저기 다방에 가서 몸도 녹일 겸 돈을 드리지요"하고 앞장섰다.

다방은 한적했다. 난로 옆자리에 앉아서 차를 시켰다.

물건 값을 부르는 대로 다주었다. 아가씨는 '웬 횡재인가?'하며 즐거워했다.

재춘이 말을 건넨다.

"심재춘입니다. 거제도에 살고 있지요. 할아버지는 진사이셨구요. 아버지도 배를 가지고 계시구요. 저도 독립해서 배를 가지고 물고기를 잡지요. 제주도를 처음 건너와서 이렇게 아름다운 아가씨를 만나 반갑습니다."

청산유수로 말을 쏟아 놓는다. 은근히 양반집에 밥술이나 먹는 집안이라고 말하고 있다. 차를 마시고 모습도 우아하고 예쁘다. 어떻게 하든 마음을 사고 색시로 맞아야 하는데 어찌한다.

그러면서 그는 불쑥 "집이 멉니까? 민박을 해야 하는데."라며 말끝을 흐린다.

"아니요. 따라오시지요."

그녀가 앞장을 섰다. 재춘 총각은 망태를 메고 줄레줄레 따라갔다.

어머니와 아버지가 대문밖에 나와 물질 간 딸을 기다린다.

"오늘도 수고했다. 그런데 뒤에 따라오는 남자는 누구냐?"

"오늘 건진 걸 사신 분인데 민박을 하신다고 해서요."

"그래 민박하는 문간방에 쉬도록 하시죠."

라며 그녀의 아버지가 말한다.

심재춘은 "어유 말씀 낮추세요.."라며 망태를 내려놓으며 식구들이 같이 먹자고 했다.

깨끗한 문간방에 들어가 기도부터 한다.

“하느님, 부처님! 제발 제발.”

아가씨가 건진 해삼, 멍게, 전복, 소라, 문어로 요리한 저녁상을 어머님이 들고 오신다. 그는 잘 먹고 상을 가지러 오신 어머님께 넙쭉 큰절을 하고 말씀드린다.

“어이구 이게 무슨 일이오?”

“저는 사실 거제도 사람인데요. 할아버님은 진사셨구요. 아버지와 저는 각자 배를 가지고 어업을 하고 있습니다. 그런데 오늘 여차여차해서 서귀포를 왔구요. 여차지차 아가씨 따님을 만나서 이렇게 왔습니다. 결혼을 허락하여 주십시오. 저는 여기 앞바다에서 고기를 잡아 처가댁에도 도움을 드리겠습니다.”

그가 차근차근 말씀을 드렸다.

그 해녀의 어머니가 보아하니 튼튼하고 건실하며 양반 가문에 부자이며 육지에 미련함도 없이 딸의 마음을 사는 것을 보니 괜찮아 보였다.

“내딸의 의향도 물어보고 내 남편의 의향도 물어봐서 아침에 대답하여 줌세.”

또다시 간절하게 기도한다.

“하느님, 부처님, 용왕님! 제발, 제발! 이번에 꼭 결혼하게 해주십시오.”

그는 좋은 꿈을 꾸며 단잠을 잤다. 붉은 희망찬 해가 바다에서 불끈 솟아오르고 파도는 손뼉이라도 치는 듯 찰싹거린다. 아버님 어머님이 함께 아침상을 들고 오신다.

심재춘은 다시 큰절을 올린다.

"어젯밤 편안히 주무셨습니까?"

"내 딸을 굶기지는 않겠지?"

"아무렴요. 공주처럼 모시겠습니다. 돌아가 부모님께 말씀 드리겠습니다. 상견례와 약혼식을 여기 와서 하겠습니다."

그는 큰절을 올리고 일어섰다. 돌아가는 배는 좋은 소식을 실어서인지 날아갈 듯 순풍에 속도가 빨랐다.

집에 도착한 재춘은 헐레벌떡 숨을 고르면서 부모님께 말씀을 올린다.

"아버지, 어머니! 나 장가보내 주세요."

"그야 좋은 소리다만 신붓감이 있어야 말이지."

"제가 이번에 바다에 나갔다가 제주도에를 건너갔었습니다. 얼굴도 이쁘고 마음씨도 곱고요. 부모님의 허락도 받고 왔습니다."

"어, 그래? 우리 아들 잘 컸구나! 그럼 장가가야지."

"그런데 약혼식은 제주에서 하기로 했구요. 결혼식은 거제에서 했으면 합니다."

옛말에 쇠뿔도 단김에 빼고 번갯불에 콩 구어먹듯 한다는 말대로 일주일 후에 양가가 모여서 약혼식을 하고 일주일 후에 결혼식 하기로 거제 옥포예식장에 결혼식 예약을 했다.

"아버지, 우리 집은 거제도이기는 하지만 거제도 앞바다에 떨어진 섬입니다. 이참에 거제 옥포로 이사하죠. 거제군은 해양도시로서 옥포조선소도 있고 충무공 이순신 장군의 옥포해전기념비도 있고 장어도 사철 잡히고 꼴뚜기 낚시 잘되며 굴양식도 하는 곳 아닙니까. 저는 결혼하면 옥포에서 살고 싶습니다."

아버지는 옥포에 큼직한 집을 사시고 급히 이사하셨다. 옥포허니문

예식장에 양가 부모와 친지 친구들이 다 모여 예식장을 꽉 메운 자리에 신랑신부가 입장하고 서약과 예물을 교환하고 주례사를 하는데, 주례사나 축사나 축가 모두 귀에 안 들어온다. 얼른 예식이 끝나고 신혼여행을 가는 행복한 꿈만 기다려진다.

신혼여행길에 올랐다. 섬 사람인고로 서울로 간다. 부산으로 가서 고속열차를 탔다. 순식간에 대구, 대전, 서울을 달려 케이블카를 타고 남산타워를 올랐다. 한강의 유람선이 보이고 KBS, MBC 방송국이 보이며 경복궁, 청와대가 보이며 한옥마을이 보인다. 부부는 내려와 차례차례 빼지 않고 보며 즐기며 지내다 보니 저녁이 되었다.

예약해 둔 반도호텔 비너스홀에 여정을 풀고 저녁식사를 마친 후에 꿈꾸던 행복한 시간을 침대 위에서 보냈다.

상쾌한 아침이다 새로운 출발의 걸음이다. 고속열차를 타고서 집으로 향했다. 여행을 마치고 집에 돌아온 부부는 부모님께 큰절을 올리고 사당에 잔 올려 고하고 조상님들 산소에 잔 올리고 참배했다. 제주 처갓집에 근친을 간다. 쇠고기와 떡 맛있는 음식을 하여 가지고 떠났다. 발걸음도 가볍게 부모님이 즐거워하신다. 배로 앞바다에 나가 고기를 잡어다 드렸다.

옥포 집에 돌아온 부부는 날마다 알콩달콩 달콤한 사랑을 쌓아가며 새벽이면 아내와 같이 배를 몰고 바다에 나가서 물고기를 잡아 어시장에 경매하여 수입이 늘어간다. 배를 몇 척 더 사서 어부들을 더 채용하여 어부들도 살리고 수입이 더 늘어간다. 바다에 굴 양식을 한다. 이렇게 저렇게 부자가 된다. 옥포조선소에서 원양어선을 건조했다.

많은 선원들이 외국 먼 바다에서 고기를 잡아 팔아서 돈을 붙여온다. 조선소가 가까워 좋다.

이번에는 화물선을 건조하여 컨테이너를 싣고 외국을 왕래한다. 자꾸 투자하여 원양어선 화물선을 늘린다. 국가경제에도 이바지하고 부에 부를 더해간다.

옛날 해녀출신 김희자 여사가 갑부의 부인이 되어서 남편에게 권한다.

"재춘 회장님 우리가 이만치 되었으면 우리도 사회를 위하여 무슨 봉사를 해야지요."

재춘은 즐거워서 부인의 목을 얼싸안으면 대답한다.

"아무렴 나도 당신이 어떠할까봐. 말은 안했어도 벌써부터 마음에 있었소."

역시 부부는 일심동체였다. 우선 여기저기 부지 땅을 마련하러 다녔다. 조그만 산봉우리에 좌청룡 우백호로 두 줄기 양쪽으로 내려오면서 양쪽의 바람을 막아주며 가운데 넓은 평지가 있다.

"하느님 감사합니다. 이렇게 좋은 땅을 준비해 주셔서 감사합니다."

땅을 매입하고 공사가 시작되었다. 양로원과 고아원을 짓고 운동시설을 마련했다. 맛있는 음식과 좋은 옷을 입힌다.

제주해녀출신 김희자 사모님은 원장님이시고 거제 출신 심재춘 회장은 재정부장님이시다. 할아버지들은 고아들을 손주처럼 귀해주시고 사랑하신다. 고아들은 자기 할아버지처럼 좋아하며 귀염을 다한다. 잘 지내다 보니 나이 많으신 할아버님 한 분이 돌아가셨다. 부득불 그 산 위쪽에 묘원을 만들었다.

"여보 우리도 언젠가 저 산 묘원으로 가야겠지."

"예 그러문요."

"우리는 아무 때 가도 후회는 없어."

숲 사나이 신상철

숲이라고 하면 소나무 숲, 참나무 숲, 대나무 숲, 동백나무 숲,. 백양나무 숲, 편백나무 숲, 전나무 숲, 갈대 숲 같은 수종이 밀집되어 있는 곳을 숲이라 한다.

숲은 사람들이 건강과 힐링을 위해 찾으며 많은 암수의 새들의 쌍쌍이 밀애를 즐기며 살고 알을 낳아 늘어가는 곳이고 또한 각종 짐승들이 살아가고 늘어가는 번식처이다.

신상철과 안숙천은 부부이다. 안숙천은 내촌면 은고개의 좀 부유한 집에서 태어나 고생을 모르고 자라났지만 신상철 박사는 어릴 때 어렵게 가난한 집에서 생활했다.

어려서 상철이와 숙천이는 같은 초등학교를 나오고 같은 중학교를 나와 우등생으로 졸업했다.

그들은 같이 광릉국립수목원 안에 있는 광동산림고등학교에 진학했다. 둘이는 자전거를 타고 같이 통학한다. 자전거를 학교에 두면 학생들이 자꾸 만져서 왕숙천 건너 칠 공주 집에 맡긴다. 자전거가 귀한시절이라 그렇다.

이들은 고등학교에서도 공부를 잘한다. 신상철은 반장이고 안숙천은 부반장이다. 노래도 잘하여 합창단에 들어가 KBS-TV에 출연하여 애림

사상을 노래했다.

앞 남산 뒷동산 누가 가렵다드냐
왜 이리 갈퀴로 박박 긁어

나무타령

열아홉에 스무나무
아흔아홉 백양나무

자시라고 잣나무
방귀 꿨다 뽕나무

점심시간이면 도시락을 들고 밖으로 나가 왕숙천 개울 물가로 가서 앉는다. 그러면 물에 있던 징게미 송사리 가재가 몰려온다. 밥을 먹어보았기 때문에 또 달라고 모이는 것이다. 도시락에서 밥을 한 수저 한 수저 던져주면 맛있게 먹는다.

그러면 물밖에는 어디에서 오는지 참새, 비둘기, 까치가 쌍쌍이 온다. 이번에는 네다섯 숟갈을 퍼준다. 그러면 절반 남은 도시락을 먹고 들어온다.

오후 시간 끝나면 묘포 밭에 가서 풀도 뽑고 칠 공주 집을 간다. 자전거를 찾아 집에 온다.

고등학교를 졸업하고 같이 경희대학교에 입학한다. 신상철은 철학과에, 안숙천은 의과대학에서 공부한다. 둘이는 공부도 열심히 하였지만 별 어려움 없이 우정은 애정이 되어 사랑하는 사이가 되었고 사랑은 영글어 갔다. 두 사람은 대학원에 진학하여 공부하고 졸업논문이 통과되어 박사학위 수여를 받았다.

신상철 철학박사와 안숙천 의학박사는 성대한 결혼식을 올려 많은 축하를 받았다. 신상철 박사는 대학교수가 되어 후진을 양성하고 안숙천 박사는 경희대학교병원 의사로 있다가 개인병원 원장이 되었다.

열심히 주어진 생활을 하다 보니 유수와 같은 세월 막을 수가 없어 65세가 되어 신 박사는 교단에서 은퇴하게 되었다. 그는 숲속이 그리워졌다.

산속에다 아담한 집을 짓고 산 사나이가 되어간다. 산속을 다녀본다. 여러 가지 많은 식물들이 있다. 식물도감을 들고 다니며 잎, 줄기, 열매 뿌리 등 먹을 수 있는 것 약용으로 쓸 수 있는 것을 구분하여 채취한다. 먹을 수 있는 것은 먹을 만치 먹고 나머지는 말려두며 약용도 마찬가지다. 산사나이의 일과는 바쁘다. 밤이 되면 달이 떠서 벗이 된다. 시가 생각난다.

작은 것이 높이 떠서 만물을 다 비취니
밤중에 광명이 너만한 이 또 있으냐
보고도 말 아니하니 내 벗인가 하노라

신 박사는 앉아서 좌선을 한다. 철학박사답게 우주와 해와 달 인간에 대해 생각한다. 그의 생각은 깊어지고 머리가 정리되었다. 또 다시 산속을 헤맨다.

"심봤다."

저도 모르게 소리쳤다. 산삼을 세 뿌리나 캐었다. 급히 산삼과 다른 약재를 챙겨 가지고 부인 안숙천 여사에게 달려갔다. 약재들은 대려서 환자들에게 주게 하고 산삼은 대려서 둘이 오래 살려고 맛있게 먹었다.

부인은 많은 환자들을 건강하게 치료하고 관리해 주었으며, 신 박사는 <우리나라의 산>, <세계의 산>, <유명한 등산가의 일대기>, <산 사나이의 취미와 즐거움> 등 책을 발행하였고 계속 저술활동에 여념이 없다. 부부는 행복하게 잘 살았다.

평양에서 왔수다, 이상기

1. 부모님과의 생이별

신의 운동 역사하심의 불길이 세차게 타올라 동방의 예루살렘이라 불렀던 평양!

토마스 선교사가 흘리신 피값도, 6.25전쟁에서 뿌린 300만의 피값도 헛되이 죄 없이 어린 목숨들이 죽어가고 교회들을 없애버리는 저주의 땅 평양이다.

부러움 없이 부모님 사랑 받으며 18세까지 자란 이상기는 인민군에 끌려가기 싫어 숨어 살다가 중공군이 개입된 1.4후퇴 때에 피난 온 것이 평생 부모님들과의 이별이 되었다. 서울에 왔으나 친척도 아는 사람 없는 혈혈단신으로 먹을 곳, 잘 곳이 막연하여 상기는 종로5가 선교사들이 모여 사는 곳을 찾아가서 첫 번째 집을 찾아가니 셀튼 목사 한국말로 설의돈 선교사이다.

사정을 들은 설의돈 선교사는 남산 위에 있는 대한예수교장로회 신학대학에 입학시켜 주고 그 기숙사에서 숙식을 해결하도록 주선해 주시었다. 하나님의 백성 하나님의 종으로 쓰시려 복을 주심이었다.

2. 전도사시절

1학년을 수료하고 2학년이 되었다.

북한에서 교회가 없어진 대신 남한에서는 교회가 우후죽순처럼 일어났다.

설의돈 선교사는 작년에 이미 서기문, 김종석 두 신학생을 파견 경기도 포천군 가산면 우금리 마치동 아산이씨 묘지기 집 사랑채에서 전도를 하게 하여 많은 사람이 모이게 하였다. 두 전도사를 다른 곳에 전도하러 보내고 이상기 학생을 전도사로 파견하게 되었다. 가서 보니 사랑방 두 칸이 모자라 마루와 마당에 까지 더러 서있게 되어 이장 이정규씨의 도움을 받아 이장집 뒤 조금 높은 곳을 얻고 설의돈선 교사의 도움으로 천막을 세우고 십자가를 달고 대한 예수교 장로회 우금교회 간판을 달아 우금교회는 세워졌다. 산소통을 매달아 종을 치면 사람들이 모이고 예배를 드린다.

천막교회에서 지내기를 3년 그동안 건축헌금을 모으고, 여러 교회의 건축헌금을 도움 받아 마치미, 고인돌, 솔모루, 너비기, 궁말, 대대울 등 여러 동네의 중심이 되는 곳에 목조건물과 사택을 지었다. '뎅그렁 뎅' 울리는 종탑도 세웠다.

주일학생 40명, 청년회 20명, 권사 1명, 집사 4명. 우금교회는 대한 예수교장로회 경기북부노회에 등록되었다. 미취학 아동들을 15명을 모집하여 성욱자 선생이 성경구락부를 개교하고 지도해주어 학생 중에 남상림 군은 커서 서울 논현동 법무사 사무실 사장으로 근무하고, 이순문 군은 신학교에 입학, 졸업하여 목사가 되어 울산에서 목회 중이다.

이상기 목사는 광동중학교를 졸업하고 설의돈 선교사님의 장학금으로 숭실고등학교를 졸업해 신학을 공부한 이강규로 하여금 동두천 창말에 성은 교회를 세우게 했다.

3. 목사시절

이상기 목사는 대한민국의 국방의무인 병역을 수행하기 위해 입대하여 훈련을 받고 군목이 되었다.

경기도 파주군 천현면 금곡교회에서 군인들과 주민들에게 설교하고 전도하면서, 친구 목사에게서 여자를 소개받는다. 그 여자는 이화여자대학교 의과대학 간호과 3학년생이다. 총회신학 시절 같이 공부했던 동기생인데 더 공부하고 있다. 그녀는 반장이고 특대생이며 26살이다. 모 장관의 딸이며 양어머님으로 고황경 박사님을 모시고 있는 훌륭한 여자이다. 그러나 여자대학에서는 결혼을 하면 퇴학이니까 서로 사귀기만 하였다. 이상기 목사는 완전히 눈에 콩꺼풀이 씌어졌다.

4. 유학시절

이상기 목사도 더 공부하기 위해 또는 북한에 계신 부모소식도 왕래할수 있을까 하여 일본으로 유학을 떠났다. 어느 날 서울에서 할머니가 나를 찾아 오셨다. 이상기 목사가 자기 손녀딸과 결혼했는데, 결혼식에 초청도 못하고 해서 소식이나 전해 달라고 해서 왔단다.

이대 학생은 아니다. 아울러 괴로워선지 목회도 손을 놓았고 1년 후 편지가 왔다. 캐나다 토론토인데 부부는 슈퍼를 운영하며 생활을 한단다. 그래도 교회는 잘 나가겠지?

그 후론 소식이 영영 끊겼다.

이상연 여사

이상연은 1949년 김포에서 태어났습니다. 그러나 1950년 6.25때에 아버지가 돌아가셨습니다. 어머니가 그녀를 데리고 사셨으나 불행하지는 않았습니다. 돌아가신 아버님이 면장이었고 할아버지때부터 면에서 알아주는 갑부였으니까요. 어머니 앞으로 얼마만한 농토와 재산을 주셔서 농사를 지으며 상연이와 살았습니다.

그러나 그녀의 큰 아버지가 이름난 도박꾼으로 자기 재산과 어머니 앞으로 있는 땅까지 팔아 없앴습니다. 할 수 없이 어머니는 딸 상연이를 데리고 김포로 재가하였습니다. 그 아버지는 처음엔 잘해 주셨지요. 친딸처럼. 그러나 자랄수록 구박이 심했습니다. 어머니는 아들을 낳았습니다.

아버지는 아들이 좀 크니까 재산을 팔아 어머니께 돈 한 푼 안 주고 아들만 데리고 어디론가 가버렸습니다. 어머니는 딸을 데리고 친정으로 가서 장사를 하시면서 딸 상연이를 초등학교에 보내셨습니다. 6년 공부를 열심히 하고 졸업했습니다. 거기에는 중학교가 없기 때문에 딸 상연이를 공부시키려고 서울로 이사하였습니다.

서울특별시 영등포구 가리봉동이었습니다. 마침 영등포구 구로2동 구로동교회에서 점진중학교를 세우고 제2기생 중학생을 모집한다는 벽보를 보게 되었습니다. 거리도 멀지 않고 학비도 아주 저렴합니다. 불우청소년들을 가르치는 곳 이었으니까요.

참으로 불운했던 상연이는 천우신조로 좋은 선생님들을 만나 공부 잘하고 보건전문학교에 진학하였습니다. 졸업 후 건강관리협회 소장으로 각도로 순회 근무하던 국가공익사업을 하다가 은퇴를 하였습니다. 이상연이 학생 때 선생님께 올렸던 편지를 소개합니다.

존경하는 이 선생님께

선생님! 안녕하십니까?

가족도 모두 가내가 두루 평안하신지요?

저희는 선생님의 염려지덕으로 아무별고 없이 그날그날을 무사히 잘 지내고 있어요.

저도 회사에 잘 다니고 있어요

저는 월급을 7,000원 타고 있는데 얼마나 억울한지 모릅니다. 같은 일을 하면서도 고등학교 졸업한 사람은 8,000원을 타니까 말입니다.

선생님, 용서해주세요. 부탁하는 저에게 희망을 불어넣어 주세요. 저도 더 공부할 수 있게 돈을 들여서라도 더 공부할 수 있게 도와주세요.

저도 다시 한 번 꿈을 품고 희망을 갖고 노력해 보겠어요. 선생님 용서해 주세요.

1968년 10월 28일

이상연 올림

이상연은 이후 동남중고등학교 김진국 은사님께 말씀을 드려 졸업 증명서를 해주셔서 보건전문학교에 입학하게 되었습니다.

이숙천 여사

이숙천은 북한 편안북도 숙천군에서 태어나 초등학교를 졸업하고 1.4 후퇴 때 부모님 따라 피란을 와서 서울특별시 영등포구 구로1동에 정착하였다. 그녀는 고향에서도 부자였기에 피난 와서도 고생을 모른다. 그도 구로2동 구로동교회에 있는 점진중학교 2기생으로 상연이와 같이 공부하였다. 그러나 교장선생님이 1기생을 졸업시키고 고향으로 내려갔으니 2기생들은 3학년이 되면서 그전 선생님이 그리워진다.

이숙천 학생의 선생님께 올린 편지를 보자.

중학교 3학년 때의 편지다. 좀 미숙하겠지.

존경하는 이 선생님께

3학년을 졸업시켜 내보낸 섭섭함 아직도 남아 있는지요?

선생님! 앞날을 위하여 나가신 형님들을 생각하시면 무엇하시겠습니까?

선생님! 저희들이 있잖아요.

저는 이제부터 선생님 말씀 잘 듣기로 했어요.

저희들을 가르치시면서 때를 놓쳐 끼니조차 찾아보기 어려운 선생님을 저는 원망한 날이 수없이 많았어요.

한때는 욕을 하거나 쳐다보기 싫은 때가 한 두 번이 아니었어요. 하지만 지금 생각하면 모두 제 잘못이어요.

제가 잘못했다고 후회합니다.

그리고 하나님께 빌었어요. '하나님 아버지 자복합니다.'라고요. 무슨 일이냐고요? 선생님 저번 졸업식 날 저를 안내위원으로 시키시는데 나를 미워서 시키시는 줄 알고 반항심이 튀어 나와서 선생님이 부르시는데도 대답을 하지 않았어요.

하지만 저는 생전 처음 들어보는 선생님의 꾸중이라 생각했어요. '얼마나 가슴이 아팠으면 꾸중까지 하실까?'하는 생각이 들었어요.

저는 집에 돌아오는 길에 눈에서 눈물방울이 뚝뚝 떨어졌어요. 선생님 마지막으로 저 숙이가 부탁드리는 말은 저를 용서하시라는 말이에요.

저의 작은 정성입니다. 새해에 복 많이 받으십시오.

1965년 12월 22일 수요일

제자 숙천 올림

이숙천 학생의 편지 한통을 더 들어보자.

한 없이 보고 싶은 이 선생님께!

선생님 저는 울고 있어요.

선생님이 보고 싶어서요.

인자하시고 자비로우신 선생님의 모습이 보고 싶어서요.
선생님 저는 어떻게 합니까? 기쁨 슬픔을 같이 하시던 선생님이 없으시니까요.
선생님 저에게 사랑만 해주시다 떠나시는 선생님이 밉습니다.
저에게 꾸짖고 욕하시고 때려 주시고 가시지 왜 바다의 물결과 같이 제자를 사랑하며 돌보시다가 가시면 저희들은 어떻게 지냅니까? 선생님 선생님이 떠나시던 날 말입니다.
저는 선생님께 드릴 편지를 책가방에 넣고 달음질치며 학교에 왔습니다.
그러나 의자에 앉아보니 이진영 선생님께서 선생님이 가셨다는 말씀을 하시기에 또 울었습니다.
왜 오늘 따라 지각을 해야 했을까? 선생님의 마지막 모습이라도 보았으면 좋았을 텐데. 이게 무슨 얄궂은 운명이란 말인가 하는 생각이 들었습니다.
학교가 무엇이고 인생이 무엇인지 다 귀찮았습니다.
친구들도 울었더군요. 생각다 못해 선생님이 행복하시라고 기도를 들였습니다.

선생님의 생각이 자꾸 떠오르고 슬퍼져서 몇이서 극장에 가서 영화를 보았는데 영화 제목이 <아빠 돌아와요>이었는데 나는 <선생님 돌아와요>라고 외치고 싶은 마음이었습니다.
지금 당장 선생님 따라 가고 싶었지만 뒤로하고 참습니다.
선생님 하신 말씀을 다시 마음속에 간직합니다.
"너는 강하고 담대하라. 극히 담대하라."
"우로나 좌로나 치우치지 말라"하시던 모습이 그립습니다.
그리고 언제나 입속으로 되풀이 하면서 꼭 실천해야겠다고 다짐합니다.

그럼 숙천이 보시러 서울 한번 꼭 오세요. 얼마나 공부 잘 했고, 얼마나 컸는지, 선생님 안 계신 학교는 늘 허전합니다.

언제 한 번 '종로 예식장' 앞에서 만나기로 약속주세요. 그러면 다시 만날 때 이야기하기로 하고 이만 줄이겠어요. 그럼 안녕

1966년 3월 22일 화요일

이숙천 돼지 올림

선생님 방긋 웃어 주세요.

공부하고 성장해서 이숙천양은 동양 TV기술부장과 결혼하여 충정도에서 아들 셋을 키우며 잘 살고 있다.

한기찬 장명희 부부

한기찬 변호사와 장명희 고등학교 교사는 영등포 구로 2동 점진중학교 제1기 졸업생이다.

구로2동이란 장화 없이는 살 수 없었던 동네로 삼일고가도로를 만들기 위해 청계천 주변의 어려운 사람들을 이주시키기 위해 만들어진 동네이다. 공영주택, 간이주택, 구호주택이 만들어졌다. 좀 나은 사람들이 집을 사가지고 입주한 끝자락에 용산구 해방촌교회 김찬호 목사님이 흙벽돌 간이건물로 건물을 짓고 교회를 개척한 곳이다. 이 교회에 불우청소년들을 교육하기 위하여 <점진중학교>가 개설되었다.

그들은 그중 제1기로 입학하였다. 이강규 선생을 비롯하여 최동석, 전봉근, 이진영, 안성결, 김찬호 등 3년간에 31명이 무보수로 봉사, 열정으로 지도하여 제1기 44명 졸업, 제2기 50명 졸업, 제3기 53명이 졸업하고 학교는 댓; 벽돌로 2층 건물을 지어 정희여자상업고등학교가 되었다. 다음은 한기찬과 장명희가 함께 졸업한 제1기 동창생들의 명단이다.

1. 권흥수, 2. 김봉환, 3. 김용식, 4. 김인호, 5. 김정삼, 6. 김종환, 7. 김혁조, 8. 민규식, 9. 민병학, 10. 민종식, 11. 박문기, 12. 방상건,

13. 박지탁, 14. 백종섭, 15. 서창휘, 16. 성두영, 17. 손윤길, 18. 염금열, 19. 유남식, 20. 윤석용, 21. 이병구, 22. 이상복, 23. 이성무, 24. 이억선, 25. 이종해, 26. 정하승, 27. 주광철, 28. 진동률, 29. 최달범, 30. 최병찬, 31. 최선식, 32. 한기찬, 33. 한상호, 34. 함태영, 35. 손순희, 36. 이경자, 37. 이숙희, 38. 이향자, 39. 장명희, 40. 정용순, 41. 정혜경, 42. 조순희, 43. 주영순, 44. 하정숙.

중학생은 초등학생 때보다 감성이 깊다.

특별활동으로 거리청소도 하지만 노래경연 글짓기 연극 연설도 해보고 <모의재판>도 해본다. 이런 경험들이 장래생활에 영향을 주리라 믿기 때문이다.

한 달 간을 정해놓고 학교생활에서 학생들 중 잘못한일을 <검사> 즉 반장이 규율부원들에게 신고를 받아 1‘.누가, 2. 무엇을, 3. 언제, 4. 왜 5. 어떻게 했는가’를 작성하여 기소한다.

재판 날이다. 전교생 앞에서 재판이 벌어진다. 앞에 검은 모자를 쓰고 한기찬이 의자에 앉았다. 앞에는 피고가 서있고 책상을 놓고 장명희가 선생님께 보고할 기록을 한다. 옆에는 검사석에 반장 한상호가 앉았고 그 옆에 증인석이 있다. 재판이 시작된다.

재판정에서 잘못한 학생으로 백종섭이 서고 검사가 논고를 하고 김인호가 증언을 했다. 재판장이 판결을 한다. 사회의 판결이면 무죄 또는 징역 벌금에 처하지만 여기는 학교의 훈련 중이다. 한기찬 판사가 판결을 내린다.

‘피고 백종섭은 반성문 한통과 전교생과 같이 선생님들도 시나 작문 수필 등 한통도 좋고 여러 통도 좋으니 써오라.’는 판결이다.

일주일 후 글들이 모였다. 백종섭의 반성문을 비롯해 여러 글이 모였다. 이 글들은 모아서 <앞날>이 되었다.

한기찬과 장명희가 졸업할때는 <앞날 4호>가 발간되었다.

<앞날 4호>에 기록된 인명시조 최동석 선생의 한편을 소개한다.

이 : 이처럼 애절하게 떠나시면서
강 : 강하게 담대하라 외치신 말씀
규 : 규례삼고 일평생 지내오리다

한기찬 군은 점진중학교을 1기로 졸업하고 균명상고를 졸업한 후 중앙대학교 법학과에 입학하였다. 그가 내게 보낸 편지이다.

선생님!

기뻐해 주십시오. 드디어 합격하고 말았습니다.

중앙대학교 법학과입니다.

오늘의 이 영광은 제 힘이 아니고 오로지 격려하시고 기대해 주신 선생님의 덕인 줄로 알고 있으며 부모님의 보살핌을 그저 감사할 따름입니다.

하나님께 감사의 기도가 희열에 넘칠 것 같습니다.

지금의 이 감격 기리 잊지 않고 간직하여 좀 더 나은 인간 바라고 계시는 인간이 되고자 노력을 끊이지 않으렵니다. 자만해질 때만 채찍질 해주십시오.

오늘은 그저 기쁜 소식을 바삐 적어 드립니다.

다시 뵈올 때까지 주의 은혜 안에서 평안하십시오.

2월 8일

한기찬 올림

한편 장명희는 구로동 점진중학교를 졸업하고 상명여자고등학교를 졸업한 뒤 이화여자대학교 작곡과를 졸업하였다. 졸업하고서 청산여자상업고등학교 정교사로 수고하고 있다. 장명희가 보낸 편지이다.

그동안 하나님의 은총가운데 선생님과 온 가족이 두루 안녕하신가요?

저는 건강히 지내고 있으며 벌써 교사생활 하고 있는지 삼년이 되고 있습니다.

부족한 제자의 졸업을 축하해 주시려고 거리가 먼 포천에서 오신 선생님의 뜨거운 마음을 항상 잊지 않고 기억하고 있으면서도 글 한번 못 올려 죄송했습니다.

대학을 졸업하고 일 년은 지방에서 교사생활을 하다가 삼 년 전 서울 기독교 방송국 근처에 있는 청산 여자 고등학교에 있게 되어 지금까지 별일 없이 지내고 있습니다.

교사생활을 하며 가장 도움이 되고 보탬이 되었던 것은 16년간 교육을 받던 중 삼년밖에 안 되는 <점진중학>입니다. 더욱이 그 기간 중 이 선생님의 영향은 너무나 귀한 것이었습니다.

햇수가 더해감에 따라 과연 선생님이라는 것의 어려움을 점점 알 수 있을 것 같고 그러기에 선생님을 더욱 존경하게 됩니다.

선생님!

타산적이고 이기적이고 어쩔 수 없는 상황이라고 생각하는 그런 요즘 몇몇 교사들과 그래도 무엇이 좀 달라져야겠다고 다ㅁ짐하며 노력하며 조금은 진실해 보고 싶습니다.

그리고 한 가지 기쁜 일은 조금이라도 양심껏 살려고 노력하는 사람들 대부분이 크리스천이라는 점입니다.

저희 학교는 미션스쿨이며 매일 예배가 있습니다.

한기찬 씨는 3월 1일 공군 법무관으로 입대했습니다. 입대하기 전 함께 선생님 댁을 방문하려고 했지만 실천하지 못했습니다.

지금은 한창 훈련에 여념이 없답니다.

공군 제 2845부대 항공병학교 후보생대대 제1구대후보생 한기찬입니다.

점진중학 동창들의 동향을 말씀드리겠습니다.

조순희 어머님은 작고하셨고 이향자는 올 가을에 전봉근 선생님과 결혼하게 됩니다.

이병구는 충주비료공장에 가서 근무하고 있습니다.

더욱 바빠지실 새봄에 선생님과 온가정에 하나님의 크신 은혜와 복과 사랑이 건강함과 평안함이 있으시기를 기도드리겠습니다.

1975년 3월 18일

제자 장명희 드림

한기찬은 군복무 후 사법고시에 합격하여 서울 강남구 서초동에 사무실을 두고 변호사일을 하고 있으며 『법률여행』 7권까지 발행했으며 KBS TV에 여러 번 출연하고 국회의원에도 나섰다. 장명희와는 결혼하여 다복하게 살고 있다.

거창 최진호

최진호는 경남 보양군 대곡면 와룡리에서 최 진사의 아들로 태어났다. 최 진사는 머슴을 다섯이나 둔 잘사는 부잣집이다. 진호가 어린 갓난아이 적에 거창군 거창읍 중동 320번지로 이사하였기에 본적이 거창이고 거창 최진호이다.

최진호는 커가면서 초·중·고등학교를 거쳐 서울문리사범대학을 졸업했다. 서울문리사대 사생과는 김성배, 김봉호, 노도양, 채문식 교수 등과 조교수로 지도하여 주셨고 최진호, 심재춘, 구재명, 김태정, 이희,영 이상희, 김학룡, 이강규 등이 친한 친구들이고 104명의 학생들이 한 클래스였다. 경기도 이천군 신둔면 수하리 252번지에 사는 김학룡의 편지 한통을 보자.

兄! 모습 眞情으로 보고파 그 生活 그리면서 세월의 빠름이라 할까요?

뵈온 지 벌써 30여일이 훌훌 지나고 그간 書信 전하지 못하여 筆을 들었소.

兄의 書信을 받는 기쁨보다 兄의 善處가 있으시기를 빌면서 그간 家內도 두루 建安하실 줄 믿습니다.

형! X-mas와 새해를 맞아 94년을 보내는 마음은 계획도 많고 더 進行되리라 믿습니다.

나는 親友들과 엄벙덤벙 지나다 밤이면 말없는 허공의 공상으로 날을 보냅니다.

兄! 그동안 많은 공부가 進行 되었겠지요?

나는 <地理學 槪論>이라 하는 것을 보다 마다 하는데 장님 모양 맹문이라 어떻게 할지.

형은 어떤 방법으로 能率있게 地理공부하는지 전해주오.

兄! 3월 1일이 開講日이지 相禧와 함께 그때 봅시다.

최진호는 문리사대를 졸업하고 교편생활을 하고자 했으나 애로가 있어 나의 도움을 청하고 있다. 또 편지를 들어보자.

李 先生任 前

소식 없이 떠나온 以後 너무나 오랜만에 이와같은 졸필로서 李 先生任을 대합니다.

그간 별고 없이 教育事業에 매진하시는지요? 그리고 學校의 雲營도 원연하옵는지요.

나는 서울을 떠나 釜山에 온지 무려 40개월이란 시간이 경과하였습니다. 죄송스러운 청탁인줄은 알면서도 어쩔수 없이 자신의 긴박한 사정에 처해 있어 청탁을 올리려 합니다.

이곳 부산에서 있었던 교원 채용시험에 합격했습니다.

그런데 경력이 있는 자가 응시자격이 있다하기에 급한 대로 李 先生님이 運營하시는 漸進中學校에서 勤務했다고 이력서에 써 두었더니 경력증명서를 제출하라는군요. 이것이 없으면 합격이 무효가 됩니다. 그러하오니 이 못난 인간 진호를 용서하시고 깊이 이해

해주시고 편지받는 즉시 만들어 부쳐주시기 부탁드립니다.

내용은
本籍 : 慶南 居昌郡 居昌邑 中洞 320
住所 : 서울특별시 龍 山區 元曉路 3가 457-3호
生年月日: 1937년 3월 1일
性名 : 崔辰鎬
勤務期間 : 自 1963년 3월 1일
　　至 1965년 4월 15일

漸進中學校長 李綱奎 (印)

4월 15일까지 서류를 제출해야 되는데 대학동창이란 이름 아래 이 선생님을 괴롭히고 있습니다. 이번일이 틀린다면 저는 채용고시 합격이 무효가 됩니다. 친구를 위하고 직장을 알선해 준다는 의미에서 부탁합니다. 그럼 이만 줄이옵고 이 선생님의 건투를 빌겠습니다.

1965년 4월 8일

崔辰鎬 拜上

예나 지금이나 취업이 얼마나 어려운가?

최진호는 경남 거창군 고재면 개명중학교에서 교편을 잡아 중학생들을 가르쳤고 같은 학교 교사의 누이동생과 결혼하여 아들 최택훈을 낳았다.

최택훈은 성장하여 거창읍에서 자동차매매상사를 시작했다. 보양군 할아버지 농장에서 오는 돈과 중고차를 팔고 사서 돈이 모인다. 그는 놀고 있는 유휴지를 사서 소나무를 심어 키우면서 한쪽에 체육관을 지어 배드민턴 회원을 모집하고 레쓴을 한다. 회원들은 중고 자동차 고객이 된다.

최택훈은 아리따운 아가씨와 열애하게 된다.

편지 한 통 적어보자

사랑하는 오빠에게

오빠! 성탄과 새해를 맞이하여 은혜와 축복이 함께 하시기 기원합니다. 여류한 세월이 지나가는군요.

우리의 사랑도 흐르고 흘러 단단히 영글어가기를 바랍니다.

서신을 기다렸는데 오늘 오후 답장이 왔습니다.

전등불 밝혀 놓고 펜을 들었습니다.

그동안 부모님 양위분 옥체 만강하시며 온 가족이 모두 평강하온지 궁금합니다.

오빠의 염려지덕으로 이곳 저도 부모님 모시고 균안하게 지내고 있습니다.

오빠의 사랑이 기다림입니다.

참 언니가 며칠 후 결혼합니다.

그 다음은 저 아닙니까. 우리의 결혼이 기다려 집니다.

12월 26일 밤

정영자 올림

최택훈은 정영자와 결혼했다. 두 부부는 딸을 낳았다. 딸 최민은 커가면서 아빠를 닮았는지 고등학교 시절부터 운동을 하여 배드민턴 선수가 되었다. 기숙사에 합숙훈련을 하며 각지로 나가 경기를 한다.

강원 춘천, 충북 청주, 충남 대전, 경북 경주, 경남 김해, 부산, 전북 전주, 전남 순천, 광주 등과 제주전국체육대회도 출전하여 감귤 초콜릿도 사왔다.

최민은 체육특기생으로 진주대학에 입학했다. 대학에서도 대학부 대회로 전국을 다닌다. 2016년 7월 28일 최민이가 이용대 세계올림픽 제패기념으로 열린 전국 초중고대별로 열린 배드민턴대회에 최민이가 대학부선수권대회 준결승전을 보며 응원하러 가족이 응원하러 가서 승리하는 것을 보고 남도 여러 곳을 다니며 관광한 <기행문>을 읽어보자

우선 보성 녹차밭과 녹차 박물관을 보았다.

녹차밭

녹차밭 녹차밭 보성 녹차밭
찻잎 따는 아가씨 구슬땀이 이마에 맺치고
찻잔 따르는 아줌마 차도의 근엄함에 심취되네

벌교 꼬막 정식으로 점심을 먹으러 벌교읍에 갔다.

꼬막

꼬막조개 맛보러 벌교 꼬막 맛집 찾았네

우리내외 사위내외 손자들과 같이 먹으려 했더니
강호동 1박 2일과 고향리장 배일집이 먼저 들렀네

여수 해상케이블카

사람을 태우고 로프에 매달려 바다를 건너갔다 오네
300대 주차장이 모자라 도로가에 이중주차하네
장애인 주차 공간 없는 곳이 대한민국 또 있을까

이순신 대교

물을 건너는 다리가 길면 대교라고하고
지명 따라 무슨 대교라 이름 하건만
충무공 성웅을 존경함이 더욱 좋고져

거북선 대교

전남도 여수 하면 이순신 대교
이순신 대교 하면 거북선 대교
거북선 대교 하면 거북선 유람선

여수 돌산갓김치

돌이 많은가 돌로 된 산인가?
산을 돌아 제자리에 오니 돌산이로세

어즈버 돌산 갓김치 제맛이고야!

민박집에 들어가 일박하였다

광주 김상희

광주의 김상희는 아버지 김용광 씨와 어머니 윤경원 씨 사이에서 아들로 태어났다. 아버지는 큰 회사의 사장이다. 사장은 100여 곳의 판매처와 20여 곳의 물품구입처가 있어 순회하고 방문하느라 늘 바쁘게 외근한다. 어머니 윤경원 씨는 회사에서 40여명의 많은 직원을 거느리고 생산하느라 바쁘다.

그러나 20년 전 연간 생산액이 10억 원이었던 것이 10년 전 70억 원! 5년 전에는 150억 원! 3년 전 250억 원! 작년 400억 원! 금년 목표 500억 원! 1,000억 원 목표로 매진하고 있다.

아들 김승환은 대학생이다. 그는 2학년에 해병대에 지원 입대했다.

울산에서 현대자동차와 현대상선 제조하는 것을 보고 포항에서 용광로에서 제철 만드는 것을 보았다. 대학을 졸업하면 아버지의 공장을 어떻게 발전시켜야 할 것인가 생각하면서. 포항 해병 신병 훈련 교육을 받았다.

김승환은 연평도 근처 백령도가 있는 대청도에 주둔한 해병대에 배치를 받았다. 서북해안 최전선이다. 심청각도 있고 몽돌해안도 있지만 꽃게잡이로 한국어선 북한어선 심지어 중국어선까지 어지럽다.

북한의 확성기소리가 들려 신경이 곤두선다. 휴가를 나오려 해도 파도 때문에 하루 이틀 까먹기는 보통이다. 부대초소를 지키고 어선들을 지키고 북한군과 대치하며 긴장한 속에서 해병대 근무를 마치고 제대했다.

제대한 김승환은 복학할 때까지 학원을 나가며 회사 일을 살핀다. 김승환은 초등학교, 중학교를 포천 송우리에서 다녔다. 학교 전교학생회장을 했기 때문에 친구들이 많다. 남자도 있고, 여자도 있다. 교제하기 위해 자주 만나러 간다.

그는 대학교 3학년 복학했다. 열심히 공부한다. 장차 회사 경영을 꿈꾸면서.

만주에서 왔어요

연천군 전곡에 사는 청암 김지일 선생은 만주 연길에서 왔다. 그의 아버지는 만주에서 일제강점기 독립군으로 말달리며 김좌진 장군 휘하에서 열심히 싸웠다. 8.15조국광복이 되자 한국에 돌아와 전곡에 머물게 되었다. 전곡은 한탄강 남쪽은 남한이고 전국 즉 북쪽은 북한 한탄강이 38선인데 한탄강을 넘을 수 없어 전곡사람이 되었다.

전쟁이 끝나고 휴전이 된 지금은 연천, 철원, 김화까지 수복되어 연천 철원을 기차가 달리고 있다. 전곡은 미군이 주둔할 때에 돌도끼 등 선사시대 유물을 발견하여 선사시대 박물관 등 선사시대 생활 모습을 만들어 놓고 축제를 벌인다.

아버지는 리어카를 끌고 다니며 일을 해서 집을 마련하시고 돌아가셨다. 아버지를 따라 만주 연길에서 온 김지일은 아버지를 닮아 키는 작지만 마음이 강인하고 부지런하여 늘 일하여 잘살게 되었으며 착하고 순진한 동두천 아가씨 이춘옥과 결혼하여 아들 광식이를 낳았다.

부인 이춘옥은 살림도 잘하고 교회도 잘 나간다. 김지일은 글재주도 있어 <연천문학> 등에 계속 기고해서 문인들이 '청암'이란 호를 내려주었다.

청암 김지일의 수필이나 소설은 길으니 시 몇 편을 소개한다.

하얀 목마

오픈한 커피 전문점 하얀목마
원두향에 심취한 카운터
어디서 본 듯한 여인 환하게
웃는 모습이 동화 속 백설공주다.
“이 사람 정신 차려 내 자부라네”

나무 십자가

예배 끝난 하오 자두를 따먹은 여인
목사님이 가장 소중하게 아끼시던 금단의 열매
신 것이 먹고 싶어 염치없이 죄를 지었군요
주여 이 여인에게 죄를 묻지 마소서
차라리 못 보았다 하렵니다
가난이란 허물로 외항선을 탄 소식 모를 서방님
그 여인은 산달이 얼마 남지 않은 임산부였습니다.
경제사정이 어려운 때는 주님을 찾아 주십시오
목사님은 여인의 하얀 목에 나무십자가를 걸어주시다

거미

주택가 밀집지역 어디서 이사 왔을까?
날개도 없이 외가닥 거미줄에
한 마리의 작은 거미가
창유리에 비친 아침

눈부신 햇살이 거미줄을 타고
순금의 불길로 타오른다

처마 밑과 창틀사이를
분주하게 움직이는 작은 몸짓
너는 줄타기의 곡예사인가

주인 허락 없이 불법 건축물을
장인의 혼신을 다해 수작업 한 너
창밖의 조망권을 접수한 생명체
며칠 후 거미줄에 걸린 날파리 나방종류
탈출의 필사적인 몸부림이 가엽다

김지일의 아들 김광혁 군은 동국대학교를 졸업하고 삼성증권 제일사에 입사하였고, 키도 비슷한 초등학교 여교사와 결혼 두 내외가 부모님께 효도하고 집안을 잘 보살피고 있다.

다시 보고파라 상연아 숙천아

왜 상연이를 먼저 부르는 줄 아느냐? 그냥 가나다순일 뿐이다. 상연이는 가리봉동에 살았었고, 숙천이는 구로1동에 살았지. 상연이는 김포에서 태어났고, 숙천이는 평북 숙천이 출생지랬지. 둘 다 해방둥이였다며.

북아현동 산꼭대에서 자취를 하면서 서울문리사범대학을 졸업하고 풍문여자중고등학교 교사로 오라는 것도 마다하고 군복무대신 삼년간을 사회봉사를 해 보겠다고 한 것이 구로동을 가게 되었지.

해방교회 시무하시던 김찬호 목사님이 구로동 교회를 개척하기 위해서 흙벽돌 교회를 만드셨는데 구로동 중등 성경구락부(구로동 성중)을 해보라 승낙을 받아서 나중에는 도산선생의 이념을 받들어 점진중학이 되어 첫해는 50명을 뽑아 1년간을 가르치고 옆에 붙어있는 방 한 칸을 밤에는 침실 낮에는 사무실로 쓰면서, 집에서 쌀을 가져다가 옆에 부엌에서 자취를 했었지. 주영순 어머니가 반찬도 그렇고 많이 수고해주셨지.

다음해 봄기운이 돌아 잔디의 새싹과 할미꽃을 피우고, 개나리 진달래 피며 봄바람이 품에 찾아 스며들 때 2기생을 모집하게 되니 너희들을 만났구나.

점진중학교를 살펴보자. 후일에는 정희여상이 되어 큰 건물이 되었지만 점진 삼년간 지도해주신 자원봉사자 선생님들을 살펴보면

점진중학교 지도교사 명단

1. 강용옥 : 구로 2동
2. 고영훈 : 구로 2동 공영 205 한양대 영문과
3. 김기팔 :
4. 김석영 : 당 1동 158 건대 화학과
5. 김석홍 : 구로 2동 간이 625 중앙대 법학과
6. 김선영 : 거제동 부구천 한양 공대 미술과
7. 김시경 : 용산동 2가
8. 김인섭 : 구로 2동 공영 21
9. 김인자 : 용산동 2가 8 경희대 화학과
10. 김중배 : 을지로 4가 276 건대 영문과
11. 김찬호 : 용산구 해방동
12. 도지덕 : 전농 1동 359
13. 문시옥 :
14. 박진선 :
15. 배동운 : 구로 2동 공영 757 서울대 문리대 독문학과
16. 서근덕 : 홍성군 홍동면 문당리
17. 서호연 : 구로 2동 공익 2056 경희대 국문과
18. 송병찬 : 영등포 신학대학
19. 안성결 : 안암동 104~128

20. 윤대환 : 구로 2동 간이 881
21. 이강규 : 경기 포천 가산 우금리 서울 문리 사대 사생과
22. 이두훈 : 서울 홍익동 84~4
23. 이완영 : 구로 산 3~1
24. 이진영 :
25. 임재용 : 원효로 숭실대 국문과
26. 전봉근 : 구로 2동
27. 정창섭 : 구로 2동 공영 553
28. 조순희 :
29. 최동석 : 구로 2동 공영 853
30. 최태우 : 구로 2동 간이 523 서울 문리대 독문학과
31. 허환 :

30여명의 가까운 분들이 길고 짧기는 달라도 열심히 충심으로 잘 가르쳐 주셨다. 무보수로 헌신봉사하신 분들이다. 다시 한번 고개숙여 감사한다.

다음은 漸進中學教 第一期 卒業生을 찾아본다.
50명 모집해서 44명이 졸업했다.

1. 권흥수, 2. 김봉환, 3. 김용식, 4. 김인호, 5. 김정삼, 6. 김종환, 7. 김혁조, 8. 민규식, 9. 민병학, 10. 민종식, 11. 박문기, 12. 방상건, 13. 박지탁, 14. 백종섭, 15. 서창휘, 16. 성두영, 17. 손윤길, 18. 염금열, 19. 유남식, 20. 윤석용, 21. 이병구, 22. 이상복, 23. 이성무,

24. 이억선, 25. 이종해, 26. 정하승, 27. 주광철, 28. 진동률, 29. 최달범, 30. 최병찬, 31. 최선식, 32. 한기찬, 33. 한상호, 34. 함태영, 35. 손순희, 36. 이경자, 37. 이숙희, 38. 이향자, 39. 장명희, 40. 정용순, 41. 정혜경, 42. 조순희, 43. 주영순, 44. 하정숙.

第二期 卒業生

60명을 모집하여 50명이 졸업하였다.

1. 공영식, 2. 권찬희, 3. 김길용, 4. 김도문, 5. 김명수, 6. 김명호, 7. 김수명, 8. 김종식, 9. 김태근, 10. 김학철, 11. 문상영, 12. 문용관, 13. 박 일, 14. 박형진, 15. 방종태, 16. 신서경, 17. 신승열, 18. 이무진, 19. 이상복, 20. 이석규, 21. 이옥승, 22. 이은관, 23. 이창상, 24. 전성준, 25. 정경진, 26. 채원모,. 27. 채원호,. 28. 최수호, 29. 함종억, 30. 홍권희, 31. 홍병호, 32. 홍창표, 33. 황재원, 34. 구순옥, 35. 김명주, 36. 김용오, 37. 김정순, 38. 김희좌, 39. 민장순, 40. 박금자, 41. 박순성, 42. 백순려, 43. 양명숙, 44. 양재복, 45. 오경옥, 46. 이상연, 47. 이숙천, 48. 이영희, 49. 이현자, 50. 임성희

제삼기 문하생 명단은 생략한다.

중퇴생을 빼고 제1기 44명 졸업

제2기 50명 졸업

제3기 53명 졸업하여 147명의 졸업생을 낸 점진중학교는 정희여상이 되었지.

여름이면 들판 안성천 개울에서 낚시도 하면서 유혹이 있었지만 인도의 간디가 영국 유학을 갈 때에 그 어머니의 부탁말씀이 술과 고기와

여자를 삼가라 하셨고, 우리가 주기도를 할 때에 '우리를 시험에 들지 말게 하옵시고 다만 악에서 구하옵소서'하지 않았던가.

박 집사 따님이 실연을 당했는지 내게 매달려 첩이라도 좋으니, 품어 달라지 않던가. 그런 일도 겪었었지. 가을이면 벌판 논에 나가 벼이삭 줍기를 해서 쌀 서말로 떡을 해서 우리학생들이 나누어 먹기도 했었지

그리고 우리학교에서는 많은 문예작품을 모아 교지 <앞날>을 4호까지 만들었지. 앞날 4호에 최동석 선생님이 인명시조를 써주셨지.

이 : 이처럼 힘 있게 외치시면서
강 : 강하게 담대하라 하신 그 말씀
규 : 규례삼고 한평생 지내오리다 하셨지

그리고 노래자랑 모의재판도 해 보았었지 모두 기억이 나는구나. 상연아! 숙천아! 아직도 너희를 고맙게 생각하는 것은 공부하기도 힘든데 어여쁘고 가날픈 손으로 어떻게 날마다 밥을 지어주었단 말이냐? 그리고 매일 반찬은 어떻게 마련하였더란 말이냐? 꿀맛같이 식사를 하고 시간을 잘 지냈었다.

그때를 생각하며 식사한번 나눌 기회가 한 번도 없겠지.

3년을 맞추고 고향으로 돌아올 때는 왜 그렇게 뭐가 바쁘다고 칼같이 너희들을 버리고 왔더냐. 너희들 눈에서 눈물을 흘리게 하면서 말이다.

나는 시골 와서 팔십 평생을 이것저것 많이 해왔다. 땅도 많이 사서 팔았고 건물도 내가 사는 집 두 채에다 은광판지포장(주) 공장도 짓고 공장창고, 우금정, 게이트볼장, 체육관, 마치미교, 회관 등을 만들고 이

장, 새마을지도자, 산림계장, 양식계장등을 해보고 가산면에 농촌지도자, 새마을 지도자연합회장, 빙그레 낙우회장 등을 해보며 경기도청 발행 <살앙의 돌밭길>을 시작으로 나도 글을 써서 1. 이런 사람도 2. 좌절할 수는 없다. 3. 병마와의 투병기 상하권 4.편지첩. 5. 성서의 인물을 살펴보다. 6무명인의 발자취. 7. 시모음. 8. 수필 모음 등을 발행해 보았다.

시 한 수 써 보자

새봄은 나를 보고 새싹처럼 치솟으라 하고
여름은 나를 보고 열정으로 사랑하라 하네
가을은 나를 보고 단풍처럼 꿈 펼치라하네
겨울은 나를 보고 눈처럼 깨끗하라 하네
계절은 철을 따라 친구되어 속삭여 주는데
그 누가 나를 보고 그사람이 외롭다 할건가

이제는 하늘에 가도 원이 없단다. 그런데 상연이 숙천이가 보고. 싶구나 한번만이라도 기회가 주어 졌으면 좋겠다. 그래서 그전에 너희가 보내 주었던 편지를 들추어 본다.

점진중학 2기생 이상연

선생님전 상서

쌀쌀한 날씨는 어느새 추어서 지나다니는 사람들의 옷깃을 여미게 하는 이때에 선생님께서도 안녕하시다니 반갑습니다. 가족들도 모두 안녕하시겠지요?

저희는 선생님의 염려로 아무별고없이 그날 그날을 지내고 있습니다.

선생님 선생님은 저를 이해하셨군요. 답해 주신 엽서를 들었을 때 저는 어떻게 기뻤는지 몰랐어요. 그리고 또 11월 18일에 서울에 올라오실 기회가 있으시면 선생님을 만나 뵙고 싶습니다.

어디를 오시게 되는지 제가 한번 찾아가 뵙겠습니다.

선생님 죄송하지만 몇 시쯤 올라오시는지 또 언제 내려가시는지를 좀 저에게 알려 주셨으면 합니다.

저는 공부를 어느 방향으로 하면 좋을 지요? 선생님 저를 공부할 수 있는 방향으로 가르쳐 주세요.

저는 선생님이 아시는 바와 같이 어머님이 장사를 해서 생계를 이었습니다. 어머니는 제가 선생님이 가신 후 점진중학교를 그만 두었을 때 얼마나 꾸짖었는지 모릅니다. 그러던 중에 상덕학교라도 다니라고 야단을 하시어 그 학교를 졸업했습니다. 그리고 나서 저는 고등학교가 얼마나 가고 싶었는지 모릅니다. 저는 날마다 슬프게 나날을 보냈습니다.

인화여자고등학교를 가려고 생각했지요. 그래서 그 학교도 쫓아다니고 돈도 좀 해놓고 했습니다. 저는 꼭 학교를 제가 벌어서 다니겠다는 결심을 했지요. 그래서 저는 선생님게 의논과 부탁도 할게 있고 해서 선생님을 만나자고 하고 싶었으나 제가 지난날의 모든 잘못에 양심이 가책이 되어 편지도 하지 못했습니다.

덕수궁 앞에서 뵈오려고 했지만 아무리 기다려도 오시지 않아 숙천이, 저, 재복이 나갔다가 만나지 못해서 그냥 성남극장에만 갔다가 왔습니다.

그러나 지금 저는 얼마나 공부가 아쉬운 것인지를 절실히 깨달았습니다. 선생님이 검정고시를 보라고 할 때 싫다고 도망 다닌 일이 얼마나 부끄럽고 미안한지를 이제 절실히 느꼈습니다.

이 모든 은혜는 언젠가는 갚을 날이 오겠지요. 저는 가끔 선생님을 생각할 때 고마움에 눈물이 나올 때가 있습니다.

저는 원래 가 불행하입니다. 모든 사람들의 은혜로 여직까지 살아온 사람입니다. 세상에 태어난 지 일 년도 못되어 6.25를 맞았을 때 아버지를 잃었어요. 저희 어머니는 저를 데리고 시집에서 한 5년을 살았어요. 그러나 불행하게는 살지 않았어요.

아버지가 면장이고 할아버지는 그래도 면에서 알아주는 갑부였지요. 그러니까 저희 앞으로 얼마만한 재산이 있고 농토가 있었으니까. 그 농토로 농사를 짓고 저를 데리고 살았지요. 그렇게 살고 있을 때 큰아버님은 이름 있는 낭봉꾼으로 재산을 몇 년 사이에 모조리 팔고 저희 앞으로 있는 것까지 달라고 하였지요. 그러던 차에 그 시집을 뛰쳐나와 친정에 와서 있다가 저를 데기고 개가 시집을 갔지요.

시집을 온데는 김포였습니다. 그 아버지는 처음에는 저에게 무척 잘했지요. 저도 제 기억에는 저의 친아버지가 아니라는 것을 몰랐지요. 오직 왜 정이 없고 내가 자랄수록 더 미워하나 하는 생각만 했지요. 그러던 차 저는 모든 이야기를 어머니한테 다 들었지요.

저는 그래도 모든 것을 저의 운명인가보다 하고 저는 그 아버지한테 잘했습니다. 그러나 아버지는 1남 1녀를 둔채 제가 보기 싫다고 집과 가게가 있던 재산을 팔고 저의 남동생만 데리고 수양을 간다는 핑계로 어머니한테 돈도 주지 않고 떠나버렸지요. 어머니는 저와 여동생을 데리고 외갓집으로 가서 장사를 시작했지요.

저는 그때 큰집에 가서 공부를 계속 했습니다. 그러다가 어머니는 저를 공부시키겠다고 서울로 왔지요. 서울에 왔을 때 저는 6학년이었어요. 원래 시골에서 공부를 했기 때문에 공부도 잘하지 못했지요.

어머니는 저를 영여학교에다 입학을 시키겠다고 했지만 저는 선생님이 설명하시는 고등공민학교 장학생 시험을 보았지만 그것도 마땅치 않아 그냥 두고 집에서 놀던 차 선생님을 만나 저는 이렇게 까지 되었지요. 지금은 그래도 별로 그렇게 못사는 편은 아니고 어머니는 제가 번 돈으로 따로 집을 짓고 계를 붓고 했지요.

지금 거여동에 집이 있지요. 그 집은 제 앞으로 한다고 어머니는 항상 저를 위해 사셨다면서 저를 공부를 못 시켜 안타까워합니다. 저도 공부가 얼마나 아쉬웠는지 모릅니다. 어떻게 해서라도 어머님의 폐를 끼치지 않고 열심히 노력하여 어머니와 선생님께 보답을 하고 싶었어요. 저는 지금 월급을 7,000원을 타고 있는데 고등학교를 졸업한 아이들은 8,000원이 넘게 받는 것을 생각하면 얼마나 억울해서 울었는지 모릅니다. 그러나 그것은 저의 모든 슬픔으로 밖에 돌아가지 않겠지요. 그러니까 저는 여기를 다니면서 공부를 해 가지고 꼭 고검을 보아 합격해 놓고 대학을 입학하면 그 다음에는 어떻게 해서라도 계속 끌고 나가겠지요. 저의 생각은 이렇습니다. 생각을 하면 슬퍼 눈물이 앞을 가리기 때문에 제대로 보이지 않아 아무렇게나 썼습니다.

넓으신 아량으로 이해해 주시며 읽어주시고 충고해 주시기 바랍니다. 저는 선생님 외에는 아무도 저의 과거를 똑바로 아는 사람은 없으니 그리 아시기 바랍니다.

선생님! 폐를 끼쳐드려 대단히 죄송합니다.

1968년 10월 28일

이상연 올림

하나 더 써보자.

가족도 모두 가내가 두루 평안하신지요?

저희는 선생님의 염려지덕으로 아무별고 없이 그날그날을 무사히 잘 지내고 있어요.

저도 회사에 잘 다니고 있어요.

선생님 용서해주세요. 모든 것이 다 저의 잘못이지만 이렇게 부탁하는 저에게 희망을 넣어 주세요.

저도 공부할 수 있게 중학교 졸업 증명서를 만들 수 있나 자세히 가르쳐 주세요.졸업증명서만 만들 수 있다면 저도 다시 한 번 꿈을 품고 희망을 갖고 노력해 보겠어요. 이 사회에서 불쌍한 인간, 배움에 굶주리고 사회에 나가고자 하지만 얼마나 불쌍한지 저는 요즈음 새삼 재차 느끼고 있어요. 저도 배움의 길 아니 대검을 볼수 있게 졸업증명서를 만들 수 있다면 단 한 마디만 대답해 주세요.

그러하다면 저도 공부해 보겠어요.

선생님 용서해 주세요. 안녕히…….

이상연 올림

*** 회 고

점진중학을 공부하고 중대법과를 졸업하고 사법고시를 합격 변호사가 된 한기찬도 있고, 청산여고 교사가 된 장명희도 있고, 충주비료공장의 중역이 된 이병구하며, 영등포 공작창 관리부장 김명호며, 방송국 기술부장과 결혼한 숙천이도 있고, 그 외 모두 잘 돼가고 있겠만 상연이처럼 애절한 사람도 있다.

요즘 같으면 있을 수도 없고 있어서도 안 되겠지만 전후 불안전한 시대에 있었던 일이다.

내가 광동중학교 재학시절에 김진국 은사님이 계셨었는데 당시에는 포천의 동남중고등학교에 근무하고 계셨다.

은사님을 찾아가 내가 그동안 불우청소년들을 모아 가르치던 학생 중 딱한 학생의 향학열을 들어 편지와 함께 말씀 드렸더니 졸업증명서를 만들어 주셔서 갖다 주었더니 이상연은 진학을 하여 보건전문학교를 졸업하고 건강관리협회 소장으로 전국을 돌며 근무하다가 정년으로 은퇴하였다.

다음 이숙천의 편지도 읽어보자.

3학년을 내 보내신 섭섭함 아직도 남아 있는지요?

선생님! 앞날을 위하여 나가신 형님들을 생각하시면 무엇하시겠습니까?

선생님! 저희들이 있잖아요.

저는 이제부터 선생님 말씀 잘 듣기로 결정했습니다만 저희들을 가르치시면서 때를 놓쳐 끼니조차 찾아보기 어려운 선생님은 저는 원망한 날이 수없이 많았어요. 한때는 욕을 하거나 쳐다보기 싫은 때가 한 두 번이 아니었어요. 하지만 지금 생각하면 모두 제 잘못이라고 생각합니다. 요번 일도 제가 잘못했다고 후회합니다.

그리고 하나님께 빌었어요. 하나님 아버지 자복합니다라고요. 무슨일이냐고요? 선생님 저번 졸업식날 저를 안내위원으로 시키시는데 나를 미워서 시키시는줄 알고 반항심이 튀어 나와서 선생님이 부르시는데도 대답을 하지 않았어요.

하지만 저는 생전 처음 들어보는 선생님의 꾸중이라 생각했어요. 얼마나 가슴이 아팠으면 꾸중까지 하실까. 하는 생각이 들었어요.

저는 집에 돌아오는 길에 눈에서 눈물방울이 뚝뚝 떨어졌어요.

선생님 마지막으로 저 숙이가 부탁드리는 말은 저를 용서하시라는 부탁 말이에요. 저를 용서하신다면 저의 적은 정성이나마 받아주시길 바라며 새해에 복 많이 많이 받으시길 바랍니다.

1965년 12월 22일 수요일

제자 숙천 올림

추신 : 선생님과 이야기 할게 많으나 선생님한테 얘기가 안나오는군요. 언젠가는 얘기하겠지만…….

또 다른 편지를 읽어보자.

한없이 보고 싶은 이 선생님께

선생님 저는 울고 있어요. 선생님이 보고 싶어서요.

인자하시고 자비로우신 선생님의 모습이 보고 싶어서요.

선생님 저는 어떻게 합니까? 기쁨 슬픔을 같이 하시던 선생님이 없으시니까요. 선생님 저에게 사랑만 해주시다 떠나시는 선생님이 밉습니다. 왜 저에게 꾸짖고 욕하시고 때려 주시고 가시지 왜 바다의 물결과 같이 제자를 사랑하며 돌보시다가 가시면 저희들은 어떻게 지냅니까? 선생님! 선생님이 떠나시던 날 말입니다. 저는 집안 사정으로 얼마나 울었는지 모릅니다. 그러다 못해 어제 저는 선생님께 드릴 말을 글로서 알리고자하여 편지 쓴 것을 책가방에 넣고 눈물을 닦고 달음질을 치면서 학교로 왔었습니다. 그러나 의자에 앉아 보니 이진영 선생님께서 선생님의 말씀을 하시기에 저는 또 울었습니다. 꼭 저의 희망이 무너지는 것 같았습니다. 저는 어떻게 해야 할지 몰랐습니다.

왜 오늘따라 지각을 했을까? 선생님의 마지막 모습이라도 보았으면 괜찮을 텐데. 이게 무슨 얄궂은 운명이란 말인가 하는 생각이 들었습니다.

학교가 무엇이고 인생이 무엇인가. 저는 다 귀찮았습니다.

친구들도 울었더군요. 저는 생각하다 못해 선생님이 행복하시라고 기도를 드렸습니다. 그래도 선생님의 생각이 자꾸 떠오르는 동시에 슬퍼져서 저희들은 극장으로 향했습니다. 하지만 영화를 보고 있는 중에도 선생님이 생각이 떠오르는 것이었습니다.

영화 제목이 <아빠 돌아와요>였는데 <선생님 돌아와요>라고 외치고 싶은 마음이었습니다. 지금 당장 선생님 따라 가고 싶었지만 그렇게 하라고 허락하지 않는군요. 저는 참았습니다.

선생님의 행복을 위하여 선생님이 말씀해 주신 "너는 강하고 담대하라. 극히 담대하라. 우로나 좌로나 치우치지 말라"하시던 모습이 보고 싶었습니다. 그리고 언제나 입속으로 되풀이 하면서 꼭 실천해야겠다고 맹세합니다.

선생님 다시는 오지 않을 것 같았습니다. 그러나 아니야 꼭 오실거야 숙천이의 곁으로…….

선생님 말씀하셔요. 꼭 오신다구요. 왜 말씀이 없으세요?

제가 말을 안 들었습니까? 싫습니까?

선생님 이제부턴 선생님 말씀 잘 기억하며 열심히 공부하겠어요.

선생님이 돌아오신다면 저는 서슴치 않고 훌륭한 학생이 되겠다고 맹세하겠어요. 선생님 믿어줘요. 선생님이 안계신 학교는 늘 허전하고 더불어 슬픔속에서 하루하루 지내고 있습니다. 선생님 다시 한 번 생각하시와 학교에 오실수 있는 마음을 가지세요.

할 말은 바다의 모래알 같지만 <종로 예식장> 앞에서 만나서 이야기하기로 하고요. 이만 줄이겠어요.

그럼 '안녕'

1966년 3월 22일 화요일

제자 이돼지 올림

선생님! 방긋 웃어 주세요.

다음은 또 다른 편지다.

선생님 전 상서

뜻하지 않았던 제 소식에 선생님 놀라시지는 않으셨는지요?

용서하세요. 선생님 가내에 모두 안녕하시리라 믿사옵니다. 무어라 글월을 올려야 할지 몇 번이고 망설이다 오늘에야 편지를 띄웁니다. 선생님 제 소식은 통 못 들으셨겠지요?

용서하시고 미워하지 마세요.

결혼할 때 소식 띄우는 편지를 잘못 보내 선생님께 전달되지 못했답니다. 나중에 알고는 화도 나고 선생님께서 오시지 못한 이유도 알게 됐지요. 그리고는 소식을 못 드렸지요. 결혼생활이 행복해서였는지는 모르지만……. 전 지금 조그만 아파트에서 살고 있어요. 애기아빠는 동양 텔레비전 기술부에 근무하는 셀러리맨인데 남편을 섬기고 세 살짜리 아들 키우는 재미로 시간 가는 줄 모르는 모양입니다.

행복하다기 보다는 생활에 만족을 느끼면서 삽니다.

그래서 선생님께 문안도 못드렸는가 봅니다.

선생님을 찾아 뵈오려고 늘 생각하고 있지만 가지 못했습니다.

이번에도 가려고 했지만 10월에 또 해산하는 이유 때문에 못가는가 봅니다. 이해하세요. 빠른 시일 내에 찾아 뵈오려 합니다. 용서하세요.

선생님 시골소식이나 들려주세요. 엣날에 선생님 댁에 갔을 때 농약 뿌리던 엣 모습이 생각나는군요. 많이 늙으셨으리라 믿어요.

선생님 할 이야기는 많은 것 같은데 갑작스레 펜을 드니 할 말이 막히는군요. 그럼 하나님의 운총이 늘 함께 하시기를 빌며 안녕히 계세요.

1976년 5월 28일

숙천 올림

****추고 : 1, 2, 3기 여러 학생 중에서도 특별히 상연이와 숙천이가 더욱 정이 가며 퇴임 후에도 그렇게 정이 오가는 편지가 오가고 서로 집에도 오고 갔었으니 이제 늙어서도 어찌 보고 싶지 않겠는가?

제8편.
자작시(自作詩)

마치미교

앞개울 큰 개울 수해로 돌밭이라네
큰 개울물 발 벗어야 건너네
온 마을 힘 합쳐 튼튼한 다리를 놓았네
마치미교! 차들이 쌩쌩 힘껏 통행하네

-포천시에서 가장 큰 새마을다리를 놓고

게이트볼장

노인들의 운동장! 게이트볼장!
스틱으로 공을 쳐 세문을 통과하고 중앙봉을 맞추네
마치미 쉼터 공원에 이홍규와 이강규가 만들어
공덕비에 올랐네

- 전천후 게이트볼장을 짓고

우금정에 올라

넓은 물속 유유히 노닐던 인어 아가씨
철~썩, 무엇이 궁금해 뛰어 올랐나?
오~호라 우금정에 오른 이도령 보고파 몸짓했구나.

- 우금정을 짓고

입주시

잔잔한 호수가 아늑한 곳
태어난 생가터에 쉼터를 만들었네
앞산 솔솔 바람 뻐꾹 뻐꾹 뻐뻐꾹 노래 소리 실어 오면
산비둘기 쌍으로 날아와 평화로이 먹고 노닐고
청둥오리 떼지어 날아와 호수에서 한가로이 머무는데
물안개 피는 호수 위에
'철~썩 철~썩' 잉어떼 장단 맞춘다
욕심 많은 강태공 더 낚으려 두눈 부라리고
오~호라! 체육관 젊은이들!
운동하며 포효하는 기합소리! 삶의 생기 북돋운다
살어리 살어리랐다.
나 이 좋은 곳에 머무르로다

-고희에 즈음하여 살림집을 짓고

부모

아버님전 뼈를 받고 어머님 나를 낳으셨구나!
앓을사 그릇될사 잘 키워주셨도다
아버님 1994년 음 7월 4일 먼저 가시고
어머님 1997년 음 5월 25일 따라 가셨구나
우금리 754번지 봉비포란 금계포란 반월로 모셨네
부모님 보살피시는 은덕으로 우리자손 잘되는구나!

-부모님을 모셔 놓고

무제

스스로 내 앞에 닥친 일 내가 스스로
속성은 모순을 가져온다.
잘 간다 뛰지 말며 못 간다 쉬지 말라

앞으로 앞으로 불끈 쥔 손 다시 힘을 주어라
은근과 끈기 좌절 없는 삶
이는 내가 살아가는 원동력이다
어떠한 역경이 오더라도 극복해야 한다.

- 은광판지 포장(주)를 짓고

불굴과 좌절

<불굴>
좌절할 수는 없다
어떠한 역경이 오더라도 극복해야만 한다
은근과 끈기 이는 내가 살아가는 원동력이다
바닷가에 들어섰다
파도가 밀려온다 끊임없이 밀려온다
남풍에도 물결이 일고 북풍에도 물결이 일렁인다
그 하나도 피할 수도 없고 막을 수도 없다

<좌절>
좌절, 그것은 숨을 거두는 운명의 그날!
그 한번으로 족하다
나는 많은 풍랑을 헤쳐나가야 한다
은근과 끈기 그래서 생기는 고집통
불굴만이 나의 좌우명이다

경인년 10월

『이런 사람도』, 『좌절할 수는 없다』를 출간하고

산정호수와 명성상

산정호수!
산수가 빼어나 김일성이 별장을 지었나?
명성산!
신라 망국 마의태자 만나서 서러워 울었나?

억새꽃 우거져 관광 축제 붐비네!

백운계곡과 광덕 고개

광덕산 흰 구름 끼어 백운계곡인가?
길이 너무 험해 운전병이 캬라멜 한 갑 다 먹었나?
광덕 높은 곳에 시장은 웬 말인가?

강화도 마니산

나무꾼 강화도령 철종임금 되셨네!
양요 막으려 광성보 초지진 돈대가 자리잡았네!
마니산 단군왕검 참성단 성화불이 타오르네!

수원 화성

사도세자 받는 효심 정조대왕이셔라
왜놈이 불태운 576간 중 482간이 복원되고
정조대왕 능 행차길 무예 24기가 실전되었네!

설악산 백담사

내 설악산 계곡 담소가 백개라서 백담사련가?
민족혼 일깨운 <님의 침묵> 독립운동 33인 한용운
전두환 대통령 가슴 쓰려 박담사련가?

평창

88세계올림픽 후
2018 동계 올림픽이 열린다.
봉평 메밀꽃 필 무렵 이효석 마을이 꽃피우고
대관령 한우 메밀 막국수 곤드레 비빔밥이 맛있네

낙산 의상대 해돋이

천지개벽이야!
눈이 번쩍 뜨인다
불덩이가 솟는구나
가슴이 용솟음 친다
여보게 저것좀보아
후끈하지 않은가?

양양고속도로

빨리 달려갈 수 있어 고속도로!
부산 목포 동해안 모두 5시간 주파
서울 양양 고속도로 4시간 가네
북괴 땅굴보다 우리는 도로 터널을 잘파네
긴 터널 많아도 11km 제일 기네 소백산보다 더 기네

단양 도담 삼봉

삼봉이라 정도전 이조 개국공신 아닌가?
남한강 맑은 물속에 세 봉우리 솟았구나!
물위에 돌봉우리 정자가 그림 같구나!

단양온달성

울보 평강공주 바보온달에게 시집 갔구나!
평강공주 바보온달 가르쳐 고구려 장군 되었네!
한강을 건너 충북 단양까지 점령 온달성을 쌓았구나!
온달성 밑 온달동굴 관광지가 되었네!

홍성

만해 한용운 홍성에서 태어 나셨네!
독립군 김좌진 장군 홍성에 모시었네!
이분들의 애국충정 조국 광복 이끌었네!

경주 불국사

경덕왕 10년
김대성이 부모 위해 불국사를 지었어라
다보탑, 석가탑, 백운교, 연화교, 칠보교
조형미를 갖추었어라
석굴암은 신라예술 결정체
유네스코 세계 문화유산이어라

문경 새재

새도 날아서 넘기 힘든 새재런가?
백두대간 높은 곳 한강 낙동강이 갈라지네
장원급제 하고 넘는 길은 가볍기도 하구나

영덕 강구항

강구항 대게가 있어 음식점이 백 곳일세!
영덕 대게 홍게 먹으로 어서 가세
청어 떼까지 모여드니 대게 홍게 청어 사러 가세

통영

산 위에 케이블카 있고 바닷물 밑에 지하다리 있네
값싼 멍게와 해산물 우리 입맛 돗구는데
한산도 충무공 이순신 장군 누각이 가까이 있네

변산

군산에서 새만금 방조제 시원하게 만들었어라
변산반도 바다를 시원하게 바라보며 낙조를 즐기도다
죽계계곡 8경중 격포 책바위 두 눈을 크게 하네

내장산

가을 단풍은 역시 내장사 백양사
장성 몽개폭포 방울샘이 세월을 알리니
크고 뾰족한 대봉감이 입맛 달게 하누나

보성 녹차밭

녹차밭 녹차밭 보성 녹차밭
찻잎 따는 아가씨 이마에 구슬땀이 맺히고
찻잔 따르는 아줌마 근엄한 차도에 심취되네

벌교 꼬막

꼬막조개 맛보러 벌교 <꼬막 맛집>을 찾았네
우리가 먼저 꼬막조개 먹는가 했더니
1박 2일 강호동 고향이장 배일집이 먼저 들려갔네

여수 해상 케이블카

사람을 태우고 로프에 매달려 바다를 건너갔다 오네
300대 주차장이 모자라 도로가에 이중주차하네
장애인 주차 공간 없는 곳이 대한민국 또 있을까

이순신 대교

물을 건너는 다리가 길면 대교라고하고
지명 따라 어디대교라 하건만
충무공 이순신 성웅을 존경함이 더욱 좋고져

거북선 대교

전남도 여수 하면 이순신 대교
이순신 대교 하면 거북선 대교
거북선 대교 하면 거북선 유람선

여수 돌산갓김치

돌이 많은가 돌로 된 산인가?
산을 돌아 제자리에 오니 돌산이로세!
어즈버! 돌산 갓김치 아주 제맛이고야!

제주도

제주도! 김포공항에서 한 시간 거리라네
한라산 백록담 기생화산 370 돌하르방이 인사하네
감귤 고사리 빼대기 당근 말고기 고등어 갈치회가 맛있네

울릉도 독도

경북 울릉군 성인봉 오징어가 유명하고
독도 수비대 경비대가 수고하고 괭이 갈매기가 서식하고
그 누가 뭐라 해도 독도는 우리 땅!

▲ 울릉도

▲ 독도

보문사

강화도에서 배를 타고 석모도로 가서 보문사에 올랐다
보문사 가람을 휠체어 맨은 다시는 못 가려니 했건만
오호라 <석모대교> 만들었구나!
그러나 산비탈 심한 보문사 어떻게 오르랴
절에서 <노약자 돌봄 자동차>를 운행하여 잘 올랐네!
눈썹바위 부처님이 자비를 베푸셨구나!

이강규 회고록

도전과 보람

초판인쇄일 2018년 2월 5일
초판발행일 2018년 2월 9일

지은이 : 이강규
펴낸곳 : 도서출판 문학공원
펴낸이 : 김순진
편집장 : 전하라
디자인 : 김초롱
등 록 : 2004년 3월 9일 제6-706호
주 소 : (우편번호 03382)서울 은평구 통일로 633
녹번오피스텔 501호 스토리문학사
전 화 : 02-2234-1666
팩 스 : 02-2236-1666
홈페이지 : http://cafe.daum.net/yob51
이메일 : 4615562@hanmail.net

* 책값은 뒤표지에 있습니다.